NEGÓCIO JURÍDICO PROCESSUAL

Teoria e Prática

LAECC

O Laboratório Americano de Estudos Constitucionais Comparados - LAECC procura aprofundar as discussões temáticas comparativas entre os vários sistemas constitucionais americanos. O grupo desenvolve abordagens comparativas em 4 diferentes linhas, procurando cobrir todas as dimensões materiais do constitucionalismo e fomentar a produção científica.

Gabriel Oliveira de Aguiar **Borges**
Frederico Cardoso de **Miranda**
José Luiz de Moura **Faleiros Júnior**

NEGÓCIO JURÍDICO PROCESSUAL

Teoria e Prática

Prefácio
Luiz Carlos Goiabeira Rosa

Apresentação
Gil Ferreira de Mesquita

1ª edição

LAECC

Uberlândia - MG
2019

Negócio Jurídico Processual:
Teoria e Prática

Apoio	Prof. Dr. Alexandre Walmott Borges
Concepção	Gabriel Oliveira de Aguiar Borges Frederico Cardoso de Miranda José Luiz de Moura Faleiros Júnior
Elaboração, edição e revisão	Gabriel Oliveira de Aguiar Borges Frederico Cardoso de Miranda José Luiz de Moura Faleiros Júnior
Capa	José Luiz de Moura Faleiros Júnior
Projeto gráfico e diagramação	José Luiz de Moura Faleiros Júnior

Laboratório Americano de Estudos Constitucionais Comparados
CNPJ/MF nº 33.097.820/0001-00
Rua Johen Carneiro, 377, Uberlândia – MG
CEP 38.400-070
www.laecc.org.br

Dados Internacionais de Catalogação na Publicação (CIP)

B732
2019

Negócio jurídico processual: teoria e prática / Gabriel Oliveira de Aguiar Borges, Frederico Cardoso de Miranda, José Luiz de Moura Faleiros Júnior. Uberlândia: LAECC, 2019.
190 p.

Inclui bibliografia.
ISBN: 978-65-80358-01-4

1. Processo civil. 2. Contratos. 3. Processo civil - Brasil. I. Borges, Gabriel Oliveira de Aguiar. II. Miranda, Frederico Cardoso de. III. Faleiros Júnior, José Luiz de Moura.

CDU: 347.9/347.9(81)/341.46

Catalogação na fonte

Conselho Editorial

Laboratório Americano de Estudos Constitucionais Comparados - LAECC

Professor da Universidade Autònoma de Barcelona

MOACIR HENRIQUE JÚNIOR
Mestre em Criminologia e Sociologia Jurídico-Penal pela Universidade de Barcelona - Espanha
Professor da Universidade Estadual de Minas Gerais - UEMG

PAULO ROBERTO ALMEIDA
Doutor em História pela Pontifícia Universidade Católica de São Paulo - PUC/SP
Professor da Universidade Federal de Uberlândia - UFU

RENATO CARDOSO
Doutor em Direito pela Universidade Federal de Minas Gerais - UFMG
Professor da Universidade Federal de Minas Gerais - UFMG

RODRIGO VITORINO SOUZA ALVES
Mestre em Direito pela Universidade Federal de Uberlândia - UFU
Professor da Universidade Federal de Uberlândia - UFU

SAULO PINTO COELHO
Doutor em Direito pela Universidade Federal de Minas Gerais - UFMG
Professor da Universidade Federal de Goiás - UFG

VIVIANE SÉLLOS KNOER
Doutora em Direito pela Pontifícia Universidade Católica de São Paulo - PUC/SP
Professora do Centro Universitário Curitiba - UniCURITIBA

A melhor maneira de prever o futuro
é criá-lo.

— PETER DRUCKER

SOBRE OS AUTORES

GABRIEL OLIVEIRA DE AGUIAR BORGES – Mestre e bacharel em Direito pela Universidade Federal de Uberlândia (UFU). Especialista em Direito Processual Civil pela Faculdade Damásio (SP). Possui curso de inglês jurídico pela Oxford Brookes University (Inglaterra). Ex-presidente da Liga de Direito e Negócios de Uberlândia. Professor na Faculdade Santa Rita de Cássia, em Itumbiara (GO). Professor do Programa de Pós-Graduação em Direito Societário e Contratos Empresariais da UFU. Advogado.

FREDERICO CARDOSO DE MIRANDA – Especialista em Direito Processual Civil pela Faculdade de Direito Prof. Damásio de Jesus. Graduado em Direito pelo Centro Universitário do Triângulo – UNITRI. Advogado.

JOSÉ LUIZ DE MOURA FALEIROS JÚNIOR – Mestrando em Direito pela Universidade Federal de Uberlândia (UFU). Especialista em Direito Processual Civil, Direito Civil e Empresarial, Direito Digital e *Compliance* pela Faculdade de Direito Prof. Damásio de Jesus (FDDJ). Participou de curso de extensão em direito digital pela University of Chicago. Bacharel em Direito pela Universidade Federal de Uberlândia (UFU). Professor de cursos preparatórios para a prática advocatícia. Autor de obras e artigos dedicados ao estudo do direito e às suas interações com a tecnologia. Advogado.

AGRADECIMENTOS

Agradeço imensamente a Deus pelo dom da vida e aos meus guias da espiritualidade superior pela orientação e proteção. Aos meus pais pela educação. Ao Gustavo pelo companheirismo de sempre. Aos meus amigos, família que escolhi, por aliviarem as apoquentações do estudo e do trabalho. À Alícia, com amor.

Agradeço aos professores que tive na Universidade Federal de Uberlândia, fonte de inspiração e conhecimento, especialmente aos amigos Fernando (meu orientador e mentor) e ao Gil e ao Goiabeira, que, gentilmente, aceitaram meu convite para escrever, respectivamente, a apresentação e o prefácio desta obra.

Agradeço, por fim, aos meus alunos da Faculdade Santa Rita de Cássia, fonte de júbilo e força de vontade para continuar exercendo minhas funções acadêmicas em um país onde a Educação é tão desvalorizada.

Gabriel Oliveira de Aguiar Borges

Para que essa obra pudesse ser realizada, foi necessário o apoio (e a compreensão) de muitas pessoas. Então, nada mais justo do que reconhecer a contribuição de todos que, de forma direta ou indireta, ajudaram na execução desse trabalho.

Dessa maneira, é essencial agradecer, em primeiro lugar, a Deus, por estar comigo em minha caminhada, por iluminar as minhas escolhas e por me permitir ter saúde. Também gostaria de agradecer aos meus familiares, principalmente ao meu pai, Milton Miranda, e à memória de minha mãe, Carmen Regina Cardoso Miranda, por investirem tempo e dinheiro na minha educação e nos meus estudos. Pessoas que me ensinaram a nunca desistir e sempre buscar o melhor de mim. Agradeço também ao meu irmão, Gustavo Cardoso de Miranda, e à minha cunhada, Vitória Regina, por entenderem os meus períodos de silêncio e concentração e por me darem uma responsabilidade enorme e alegria incomparável de ser padrinho do Rafael. Meu muito obrigado! Claro, não poderia deixar de agradecer à pessoa que acompanhou o início desse projeto, ainda na fase da minha especialização em processo civil: minha namorada Paulinne, obrigado por compartilhar as alegrias comigo, e por ter me ajudado na revisão do que havia escrito e por sempre apoiar as minhas escolhas.

Por fim, mas não menos importante, gostaria de agradecer aos amigos e coautores dessa obra, José Luiz de Moura Faleiros Júnior, o qual teve confiança no meu trabalho e que se tornou um grande incentivador, e Gabriel Oliveira de Aguiar Borges, pelo incentivo e por poder compartilhar os seus conhecimentos na presente obra. Sem a contribuição deles, esse livro não se realizaria, ou seja, o trabalho de pesquisa seria tão somente mais um trabalho. Obrigado por acreditarem e por fazerem as complementações e adaptações necessárias para que a obra se tornasse apta à publicação, concretizando, assim, mais um sonho. Obrigado, então, a todos que estão ou estiveram ao meu lado, me ajudando a seguir sempre em frente.

FREDERICO CARDOSO DE MIRANDA

Minha gratidão a Deus pela concretização deste trabalho vem como destaque inicial. Ademais, agradeço e dedico este trabalho a meus pais, José Luiz e Magda, e às minhas irmãs, Marcelle e Ana Carolina (*in memoriam*).

Agradeço aos amigos da Universidade Federal de Uberlândia, aos Professores Luiz Carlos Goiabeira Rosa e Gil Ferreira de Mesquita e a todos aqueles que, de uma forma ou de outra, contribuíram para a realização desta obra.

Enfatizo minha saudações e congratulações, por fim, à equipe do Laboratório Americano de Estudos Constitucionais Comparados – LAECC, a que me reporto na pessoa do Professor Alexandre Walmott Borges, pelo imprescindível apoio na concretização deste projeto e pelo importantíssimo estímulo à produção acadêmica.

JOSÉ LUIZ DE MOURA FALEIROS JÚNIOR

PREFÁCIO

Periodicamente, o pensamento normativo-jurídico necessita ser revisitado, de modo a se adequar às constantes mudanças por que passa a sociedade. Outrossim, o operador do direito deve interpretar as normas na conformidade dos valores e paradigmas vigentes na sociedade, para não causar prejuízos à coletividade: manter-se preso a conceitos anacrônicos e assim destoantes da realidade social e normativa é se arriscar sobremaneira a cometer erros na aplicação da lei, e por consequência injustiças de difícil ou impossível correção.

Nesse sentido, o deslocamento paradigmático do patrimonialismo para o antropocentrismo representou um avanço notável na proteção dos direitos do homem, e bem assim na consecução da busca pela igualdade. Ao adotar a pessoa humana enquanto cerne, o ordenamento jurídico pátrio forçou uma mudança na forma de se interpretar a lei: quando a tônica versar sobre direitos fundamentais, a interpretação normativa não mais se restringirá aos critérios clássicos de antinomia de normas e concepção de relação jurídica, indo além ao priorizar a proteção e promoção dos direitos fundamentais.

Ato contínuo, a aludida mudança paradigmática do sistema normativo provocou uma releitura do Direito Processual Civil brasileiro, instando-o a recepcionar novos conceitos, princípios e regras à relação pessoa-Estado à qual as normas e princípios liberal-patrimonialistas então vigentes tornaram-se insuficientes. Nesse contexto é a proposta da presente obra, a qual tenho o prazer e a honra de prefaciar, e que consegue fazer uma concisa ligação entre uma das novidades do atual Código de Processo Civil – o negócio jurídico processual - e o instituto dos direitos fundamentais, num diálogo de fontes que concretiza a dignidade humana enquanto primado das relações sociais.

Com efeito, o presente livro consegue expor irrefutavelmente que o negócio jurídico processual, a exemplo do material, deve ser abordado segundo sua nova concepção, isto é, deve ser tratado como um fenômeno que deve repercutir positivamente não só na esfera individual das partes como também da sociedade, abandonando assim a ideia de que se resume a um ato jurídico gerador de direitos e obrigações entre as partes.

Assim é que, em "CONSTITUIÇÃO E PROCESSO: NEOPROCESSUALISMO E O DIREITO FUNDAMENTAL À TUTELA JURISDICIONAL CÉLERE, ADEQUADA E EFETIVA", os autores propugnam por uma interface mais efetiva entre processo e Constituição, de forma a que a tutela jurisdicional não se limite ao modelo vigente, distante e insensível à realidade social, indo além, na medida em que passa a se pautar pela sistemática dos direitos fundamentais, permitindo-se assim ao julgador agir de forma justa ao superar obstáculos processuais valendo-se da principiologia constitucional, evitando assim desnecessários e até inconvenientes percalços legalistas.

A seu turno, em "NEGÓCIO JURÍDICO PROCESSUAL", explicita-se o instituto enquanto corolário do exercício do direito fundamental ao acesso à Justiça, ao facultar às partes adequar o processo às suas necessidades e conveniências, auxiliando assim o Poder Judiciário na consecução de uma prestação jurisdicional célere, adequada e efetiva. O raciocínio continua ao longo dos capítulos, os quais se prestam a explicar didaticamente a classificação e espécies, celebração, validade e aplicabilidade, limites, invalidade e consequências do descumprimento pelas partes.

A obra tem uma abordagem sólida do assunto, e ao mesmo tempo dinâmica, pelo que parabenizo os autores.

Sapere aude!

Luiz Carlos Goiabeira Rosa

Professor Associado da Faculdade de Direito da Universidade Federal de Uberlândia – UFU.

APRESENTAÇÃO

O direito processual civil brasileiro pode ser considerado dos mais avançados do mundo, seja em legislação, seja em sua produção doutrinária. Especialmente após o advento do Código de 1973 nossos autores dedicaram-se a estudar o fenômeno processual em textos cientificamente relevantes e cada vez mais críticos, o que sem dúvida alguma contribuiu para a transformação importante que se viu nas últimas décadas.

Quando nosso segundo Código de Processo Civil foi concebido, fruto dos esforços capitaneados pelo professor e ministro da justiça Alfredo Buzaid, o processo civil brasileiro contemplava o que de mais moderno poderia existir em termos de legislação. Talvez o leitor mais jovem quando lê essa afirmação tenha uma sensação de estranheza, mas a técnica de fornecer a tutela jurisdicional através de ações autônomas (conhecimento, execução e cautelar) era algo muito avançado. O rigor procedimental e o formalismo adotados pelo CPC sintetizavam o que a doutrina da época entendia como avançado e necessário.

No entanto, esse rigor científico trazido para o Código de 1973 terminou por gerar o transtorno da lentidão e da falta de realização de justiça, preocupações externadas já em sua exposição de motivos. Quem teve oportunidade de trabalhar sob sua disciplina até o início da década de 1990 presenciou inúmeras situações em que a solução para o conflito material necessitava de inúmeras "ações" para sua discussão. Não raro uma ação de conhecimento recebia, prévia ou incidentalmente, a companhia desagradável de uma ação cautelar, posteriormente uma ação de execução e essa, para não fugir à regra, era acompanhada de embargos do executado, outra ação de conhecimento.

Esse emaranhado de possibilidades trazia benefícios ao devedor que se utilizava da sistemática para atrasar ao máximo o cumprimento da obrigação; beneficiava o réu que no processo de conhecimento não possuía nenhuma prova para sustentar sua defesa e, por consequência, prejudicava de forma drástica o autor que tinha razão; permitia o uso de cautelares com objetivos estranhos à sua finalidade precípua, dentre outros inconvenientes.

Aliado a tudo isso, parece que a doutrina processual iniciou um estranho caso de amor pela discussão exageradamente técnica, com pouca ou nenhuma finalidade prática. Ao estudarmos alguns livros da década de 1990 parece que o processo adquiria vida própria, como se fosse um fim em si mesmo e totalmente divorciado de sua principal finalidade que é a tutela, a satisfação do direito material.

Essa realidade estava na contramão do que consignamos chamar de *terceira onda renovatória do Acesso à Justiça*, uma corrente preocupada com a *efetividade do processo*, com sua real utilidade e com a satisfação do direito material do autor. Nessa linha, especialmente a partir de 1994, pequenos ajustes foram sendo feitos no texto de 1973 com o objetivo de modernizá-lo e permitir que essa ideia de efetividade fosse alcançada. E, ao que parece, o intuito foi alcançado, muito porque a opção do legislador foi a de elaborar "mini-reformas" e não a criação imediata de um novo código. Com isso, foi possível ajustar institutos ao mesmo tempo em que se experimentava seu desempenho na prática, bastando citar o exemplo da tutela antecipada (art. 273) que sofreu vários desses ajustes entre 1994 e 2002.

As inúmeras alterações permitiram um avanço, mas o código original ficou de certa maneira descaracterizado e a doutrina mais moderna ainda clamava por modificações. Um novo CPC, então, foi idealizado por uma comissão de juristas nomeados pelo Senado Federal, em 2009, presidida pelo então ministro do Superior Tribunal de Justiça, Luiz Fux. Era a oportunidade clara de manter os avanços com as reformas ao CPC de 1973 e inovar naquilo que a doutrina contemporânea entendia necessário. Os trabalhos foram concluídos e o novo Código de Processo Civil nasceu com a edição da Lei nº 13.105, de 16 de março de 2015, passando a vigorar um ano depois.

Dos incontáveis aspectos que poderiam ensejar várias obras jurídicas, o livro que agora é apresentado cuidou de um importante avanço trazido pelo novo código, em seu artigo 190: a possibilidade de flexibilização do procedimento pelas partes. Um avanço e tanto, pois na vigência do código anterior as partes poderiam, no máximo, alterar prazos dilatórios (art. 181). Com a nova sistemática o procedimento passa a atender aos anseios de quem realmente interessa, de quem se vale dele: *o jurisdicionado.*

Isso não significa que esse *negócio jurídico processual* tira do juiz do feito a sua autoridade ou sua responsabilidade, pois continuará zelando pela irrestrita observância do devido processo legal e demais garantias dele derivadas. No entanto, ao permitir que as partes possam, por exemplo, convencionar a escolha de um perito ou reduzir prazos, está o CPC permitindo a gestão efetiva de uma realidade que interessa menos ao Judiciário e muito mais aos que litigam. É algo moderno e a isso devemos nos acostumar, mesmo que nosso pensamento tenha sido forjado sob a influência do rigoroso Código de 1973.

É sobre o instituto do *negócio jurídico processual* que versa essa obra escrita por três brilhantes jovens juristas, com os quais tenho a oportunidade de conviver desde seus tempos de graduação. Tive a honra de ser professor do Frederico Miranda e do Gabriel Oliveira, que já se destacavam em suas turmas em razão do dinamismo e dedicação. Infelizmente não fui honrado com a oportunidade de ser professor do Faleiros Júnior, mas tive o prazer de há muito conviver com ele e com seus pais, de quem herdou a gentileza e o gosto pelo Direito.

A obra foi escrita para atender não somente à finalidade teórica, mas também aos que dela necessitam na prática forense. Uma obra de processo civil que não atende a esses dois aspectos pode ter sua relevância questionada, mas esse não é o caso. Em seus doze capítulos a obra está alicerçada na mais autorizada doutrina e a forma com que foi escrita a torna útil aos profissionais e acessível aos estudantes da graduação.

Os três autores revelam nessa obra suas melhores características, mas ressalto que o dinamismo que lhes é comum indica que muitas outras virão, em um curto espaço de tempo e com isso me sentirei uma vez mais revigorado, porque a vida de um professor só é completa se for possível vivenciar as conquistas dos mais jovens.

Uberlândia, abril de 2019.

Gil Ferreira de Mesquita

Professor e Gestor do Curso de Direito do Centro Universitário do Triângulo – UNITRI.

SUMÁRIO

INTRODUÇÃO

O objetivo do presente estudo é a análise do negócio jurídico processual, chamado por alguns autores de técnica da flexibilização procedimental voluntária, sendo que analisaremos as aplicações desse instituto e as suas limitações, diferenciando sempre o negócio jurídico típico e atípico.

Apesar de alguns doutrinadores chamarem de uma revolução no sistema jurídico brasileiro, o negócio jurídico não é tão novo, uma vez que já era possível a negociação processual no antigo código, contudo, apenas negócios típicos eram aceitos.

Com o advento da lei número 13.105/15, ou como é conhecido, Novo Código de Processo Civil, abriu a possibilidade de negócios jurídicos atípicos, ou seja, desde que presentes os requisitos exigidos pela a cláusula geral de negociação, trazidas pela a lei, é possível haver a flexibilização do procedimento, ou melhor, a negociação processual.

Para um melhor entendimento do trabalho, em um primeiro momento será abordado de forma sucinta o que se trata o tão falado negócio jurídico processual, abordando as opiniões contrarias e as favoráveis à existência e validade desse instituto, mostrando a diferenciação entre negócios típicos e atípicos, bilaterais e unilaterais.

Após a breve explicação sobre os negócios jurídicos, será analisado os requisitos para a existência e validade dos negócios jurídicos atípicos, requisitos esses impostos pela a legislação no artigo 190 do novo *códex* processual civil brasileiro.

Ademais, após a explanação sobre todos os aspectos formais e o momento da formação do negócio jurídico (pré-processual ou pós-processual), será estudado os limites desse instituto e finalizando a pesquisa será analisado as formas de controle da validade da negociação processual.

Dito isso, fica evidente que o objetivo central do trabalho é analisar de forma eficiente a existência e validade dos negócios jurídicos processuais atípicos, tendo em vista que os típicos já estão descritos no Código de Processo Civil de 2015.

Por fim, a pesquisa buscará esclarecer a funcionalidade do instituto, e ainda tentaremos descrever as limitações para a aplicação dele nos processos e se isso realmente dará celeridade processual.

1 CONSTITUIÇÃO E PROCESSO: NEOPROCESSUALISMO E O DIREITO FUNDAMENTAL À TUTELA JURISDICIONAL CÉLERE, ADEQUADA E EFETIVA

Pode-se relacionar Constituição e processo de forma *direta*, quando a aquela estabelece os direitos e garantias processuais fundamentais, estruturando instituições essenciais à realização da justiça, ou estabelecendo mecanismos formais de controle constitucional.

Em contrapartida, pode-se estabelecer tal relação de maneira *indireta*, quando, tutelando diversamente determinado bem jurídico ou categoria de sujeitos constitucionalmente identificados, possibilita-se ao legislador infraconstitucional o estabelecimento de regras processuais específicas e ao juiz a concretização da norma jurídica no caso concreto[1].

Sendo assim, por meio do processo, pode-se afirmar os direitos constitucionalmente reconhecidos. Ora, a Constituição Brasileira de 1988 está no centro do ordenamento jurídico, não se podendo, pois, compreender o processo, sem, antes, buscar seus fundamentos de validade – formal e material – nesta Carta[2].

Por meio do prefixo "*neo*", que quer dizer "novo", chama a atenção mudanças paradigmáticas. Coloca-se a crise entre modos de operar a Constituição e o Processo, construindo, de forma crítica, modais deônticos capazes de sintonizar os fatos cambiantes da realidade jurídica para que o Direito não se dissocie da vida, ajustando-se – sobretudo pela hermenêutica – às novas situações apresentando melhores soluções a problemas antigos[3].

Assim, temos o chamado neoconstitucionalismo e, a partir dele, o neoprocessualismo como suporte crítico à construção de "novas" teorias e práticas, bem como – talvez principalmente – técnicas que tornem a prestação jurisdicional mais efetiva, rápi-

---

1 CAMBI, Eduardo. Neoconstitucionalismo e neoprocessualismo. **Panóptica**, Vitória, ano 1, n. 6, p. 1-44, fev. 2007. Disponível em: < http//:www.panoptica.org >. Acesso em: 19 dez. 2018, p. 1.

2 CAMBI, Eduardo. Neoconstitucionalismo e neoprocessualismo. **Panóptica**, Vitória, ano 1, n. 6, p. 1-44, fev. 2007. Disponível em: < http//:www.panoptica.org >. Acesso em: 19 dez. 2018, p. 2.

3 CAMBI, Eduardo. Neoconstitucionalismo e neoprocessualismo. **Panóptica**, Vitória, ano 1, n. 6, p. 1-44, fev. 2007. Disponível em: < http//:www.panoptica.org >. Acesso em: 19 dez. 2018, p. 2.

da e adequada[4], respondendo aos anseios de uma sociedade que evolui de maneira muito mais rápida do que o Direito que a rege.

Por meio do neoprocessualismo, tem-se um diálogo cada vez maior entre processo e Constituição, estudando-se o direito fundamental à ordem jurídica justa, ao justo processo, e à tutela jurisdicional célere, adequada e efetiva.

Nos dizeres de Eduardo Cambi,

> a perspectiva constitucional dos direitos fundamentais garante o *direito ao "justo" processo*, isto é, não mais um processo apenas estruturado formalmente (estático), mas entendido como *garantia mínima de meios e resultados*, uma vez que deve ser concretizada não apenas a suficiência quantitativa mínima dos meios processuais, mas também um resultado modal (ou qualitativo) constante[5].

Ora, direitos não garantidos não são, de fato, direitos, dependendo sempre de instrumentos capazes de realizar o postulado da máxima efetividade dos direitos fundamentais, aproximando normatividade e efetividade. Assim, para os direitos serem garantidos e satisfeitos concretamente, é necessário formular técnicas idôneas que garantam o máximo grau de efetivi-

4 CAMBI, Eduardo. Neoconstitucionalismo e neoprocessualismo. **Panóptica**, Vitória, ano 1, n. 6, p. 1-44, fev. 2007. Disponível em: < http//:www.panoptica.org >. Acesso em: 19 dez. 2018, p. 43.

5 CAMBI, Eduardo. **Neoconstitucionalismo e neoprocessualismo**: direitos fundamentais, políticas públicas e protagonismo judiciário. 2. ed. São Paulo: Revista dos Tribunais, 2011, p. 218.

dade dos direitos fundamentais[6].

Sendo assim, há que se entender que o art. 5º, XXXV, da Constituição, não se limita a assegurar o direito de acesso à justiça.

É assim porque não haveria serventia possibilitar o ingresso à justiça se o processo judicial não garantisse meios e resultados. Sendo assim, ainda mais com o acréscimo, pela EC 45/2004, do inc. LXXVIII ao art. 5º da CF/1988, a exemplo da interpretação do art. 6º, n.1, da Convenção Europeia dos Direitos do Homem e do Cidadão, o inc. XXXV do art. 5º da CF/1988 deve ser interpretado como um direito fundamental à tutela jurisdicional adequada, célere e efetiva[7].

A partir daí, pode-se relativizar a tradicional distinção entre *substance* e *procedure*, pois até os direitos formais devem ser limitados por dados materiais da realidade, além dos substratos dos princípios jurídicos e estruturas existentes, havendo, pois, conteúdos substanciais nas disposições processuais[8].

Sendo assim, o estudo da *efetividade* do mecanismo proces-

---

6 CAMBI, Eduardo. **Neoconstitucionalismo e neoprocessualismo**: direitos fundamentais, políticas públicas e protagonismo judiciário. 2. ed. São Paulo: Revista dos Tribunais, 2011, p. 218-219.

7 CAMBI, Eduardo. **Neoconstitucionalismo e neoprocessualismo**: direitos fundamentais, políticas públicas e protagonismo judiciário. 2. ed. São Paulo: Revista dos Tribunais, 2011, p. 219.

8 CAMBI, Eduardo. **Neoconstitucionalismo e neoprocessualismo**: direitos fundamentais, políticas públicas e protagonismo judiciário. 2. ed. São Paulo: Revista dos Tribunais, 2011, p. 221.

sual, outrora limitado às pesquisas da sociologia, chega, finalmente, à dogmática jurídica.

Assim, o direito processual não deve impedir a realização do direito substancial, de forma que todo e qualquer obstáculo presente na lei processual será observado segundo preconiza o art. 5º, XXXV, da CF/1988, declarando-se a inconstitucionalidade daqueles considerados desproporcionais e não razoáveis, evitando-se, pois, qualquer prejuízo à tutela do direito material[9].

Acerca disso, Eduardo Cambi cita o caso *Kutic v. Croácia*, julgado em 01.03.2002, em que

> a Corte Europeia dos Direitos Humanos, ao interpretar o art. 6º, n. 1, da Convenção Europeia, asseverou que o direito de acesso ao juiz 'não é um fim em si mesmo' ("*does not only include the right to institute proceedings, but also the right to obtain a determination of the dispute by a court*"). Não se resume à constituição de uma relação processual, compreendendo, também, o direito a um provimento jurisdicional *idôneo* à resolução do direito material[10].

Segundo Nicolo Trocker,

> Con la disposizione dell'art. 6, par. 1, la convenzione non ha semplicemente inteso assicurare il rapporto tra la parte ed il

---

9 CAMBI, Eduardo. **Neoconstitucionalismo e neoprocessualismo**: direitos fundamentais, políticas públicas e protagonismo judiciário. 2. ed. São Paulo: Revista dos Tribunais, 2011, p. 221.

10 CAMBI, Eduardo. **Neoconstitucionalismo e neoprocessualismo**: direitos fundamentais, políticas públicas e protagonismo judiciário. 2. ed. São Paulo: Revista dos Tribunais, 2011, p. 221.

> giudice, vietando l'introduzione di qualsiasi ostacolo capace di impedire o rendere eccessivamente difficile tale rapporto, ma vuole anche - e più incisivamente - garantire al cittadino un certo tipo di risultato ogni qual volta egli si rivolge ad un organo giurisdizionale per la tutela di una posizione giuridica sostanziale, un risultato che rifletta il proprium della giurisdizione: definire le controversie attraverso l'accertamento autoritativo della fondatezza di una pretesa giuridica[11].

Sendo assim, não adianta garantir o acesso à justiça se este for meramente formal, autorizando-se que o jurisdicionado acione o Judiciário, mas não material, ou seja, colocando tantos obstáculos a esse acesso que se acaba prejudicando a própria existência do direito fundamental de ação.

Sempre que a querela versar sobre direito disponível, podem as partes, por comum acordo, estabelecer procedimentos diferentes do que o que a lei preconiza.

Essa possibilidade de flexibilização procedimental mediante

---

11 TROCKER, Nicolo. Dal giusto processo all'efettività dei rimedi: l' "azione" nell'elaborazione della Corte europeia dei diritti dell'uomo. Parte Seconda. **Rivista trimiestrale di diritto e procedura civile**, jun. 2007, p. 441. "Com a disposição do art.6, n. 1, a convenção não simplesmente garante o relacionamento entre parte e juiz, vetando a introdução de qualquer obstáculo capaz de impedir ou dificultar excessivamente tal relacionamento, mas quer também – e mais incisivamente – garantir ao cidadão certo tipo de resultado toda vez que ele procurar um órgão jurisdicional para a tutela de uma posição jurídica substancial, um resultado que reflita o *proprium* da jurisdição: definir a controvérsia através de uma avaliação adequada de uma pretensão jurídica" (tradução nossa).

negócio jurídico processual possibilita garantir o direito sobre o qual versa a demanda será adequadamente tutelado, já que, muitas vezes, a norma processual traz muitos óbices à tutela jurisdicional adequada, célere e efetiva.

Pode-se entender que esses óbices chegam, inclusive, a violar o próprio direito fundamental ao acesso à Justiça, de tal forma que, por meio da flexibilização procedimental possibilitada pelo negócio jurídico processual, pode-se garantir não só a tutela jurisdicional adequada, célere e efetiva, mas o próprio acesso à Justiça quando a norma processual for demasiado inadequada ao direito tutelado.

O negócio jurídico processual e a flexibilização procedimental figuram como objeto do presente estudo.

2 NEGÓCIO JURÍDICO PROCESSUAL

Poder-se-ia abordar inúmeros contextos históricos, bem como diferenciar os atos jurídicos, fatos jurídicos e negócios jurídicos.

Contudo, esse não é o objetivo do trabalho, sendo que a abordagem e a pesquisa, se deram no contexto da vigência do novo código de processo civil, tendo somente que destacar que os primeiros estudos acerca do tema surgiram no final do século XIX e estava diretamente vinculado ao Direito Privado.

Como observado, a doutrina estrangeira já estuda a muito tempo o Negócio Jurídico Processual, contudo inúmeros doutrinadores brasileiros são inertes ao tema, mesmo após o Novo Código de Processo Civil.

Apesar de muitos doutrinadores considerarem que o tema é novo, a existência de negócios jurídicos processuais não é novidade do novo código, existindo inclusive negócios jurídicos processuais no código de processo civil de 1973, como bem descreve Daniel Amorim Assumpção Neves[12], *in verbis:*

> [...] a existência de negócios jurídicos processuais não é novidade do Novo Código de Processo Civil, já que no diploma processual revogado existiam várias previsões pontuais de negócios jurídicos típicos. A novidade, portanto, não é a criação de fenômeno jurídico já reconhecido e presente em nosso sistema processual, mas sim sua generalização.

Então de forma bem resumida, negócio jurídico processual, nada mais é do que, a possibilidade de que, mediante algumas condições, as partes litigantes possam estabelecer algumas regras no processo, valendo tão somente ao caso concreto.

Para Fredie Didier Jr[13].,

> Negócio processual é o fato jurídico voluntário, em cujo suporte fático confere-se ao sujeito o poder de escolher a categoria jurídica ou estabelecer, dentro dos limites fixados no próprio ordenamento jurídico, certas situações jurídicas processuais. No negócio jurídico, há escolha do regramento jurídico para uma determinada situação.

Elpídio Donizetti[14], conceitua negócio jurídico processual,

---

12 NEVES, Daniel Amorim Assumpção. **Manual de direito processual civil**. 9. ed. Salvador: JusPodivm, 2017, p. 389.

13 DIDIER JÚNIOR, Fredie. **Curso de direito processual civil**: introdução ao direito processual civil, parte geral e processo de conhecimento. 17. ed. Salvador: JusPodivm, 2015, p. 376, grifo nosso.

14 DONIZETTI, Elpídio. **Novo código de processo civil comentado**: análise comparativa entre o novo CPC e o CPC/73. São Paulo: Atlas, 2015, p. 162.

como sendo uma adequação do instrumento estatal de solução de litígios, inspirado nos movimentos do contratualismo processual, senão vejamos: "O dispositivo é claramente inspirado nos movimentos do contratualismo processual, que permitem uma adequação do instrumento estatal de solução de litígios aos interesses das partes e ao direito material que os consubstanciam".

Assim, percebe-se que o negócio jurídico processual, é uma modalidade de ato jurídico em sentido amplo, cujo os efeitos são definidos pela manifestação da vontade do sujeito ou dos sujeitos, que o celebra, ou melhor, negócio jurídico processual nada mais é do que a flexibilização procedimental ao processo, como bem definiu Humberto Teodoro Júnior[15], senão vejamos:

> O novo Código adotou a teoria dos negócios jurídicos processuais, por meio da qual se conferiu certa flexibilização procedimental ao processo, respeitados os princípios constitucionais, de sorte que se consiga dar maior efetividade ao direito material discutido. Assim é que disciplinou a possibilidade de mudança procedimental pelas partes no art. 190 e seu parágrafo único.

Por fim, na doutrina brasileira, a existência desse instituto sempre foi muito debatida, existindo inclusive doutrinadores que negam e continuam negando a existência dos negócios jurídicos processuais, conforme abordaremos no próximo tópico.

---

15 THEODORO JÚNIOR, Humberto. **Curso de direito processual civil**. 56. ed. Rio de Janeiro: Forense, 2015, v. I, p. 486-487.

2.1 Doutrina Contrária

Como dito anteriormente, a doutrina brasileira, muitas vezes não discorrem sobre o assunto, existindo aqueles que se manifestam contrário ao instituto, como observa Leonardo Carneiro da Cunha[16]:

> Na doutrina brasileira, muitos não tratam do tema, deixando de examinar a existência dos negócios jurídicos processuais. Há, entretanto, os que se manifestam contrariamente à existência dos negócios jurídicos processuais.

Os doutrinadores que negam à existência dos negócios jurídicos processuais utilizam de vários argumentos, dentre eles de que o direito processual civil é um ramo público, havendo no processo tão somente normas cogentes, não havendo espaço para convenções das partes no processo civil brasileiro, como bem destaca Guilherme Henrique Lage Faria[17], em seu livro, *in verbis:*

> Tradicionalmente a doutrina processual brasileira sempre foi muito "arredia" em admitir os negócios processuais, valendo-se, para tanto, de vários argumentos: por ser ramo do direito público, no processo só haveria normas cogentes; a fonte da

---

16 CUNHA, Leonardo Carneiro da. Negócios jurídicos processuais no processo civil brasileiro. *In:* CABRAL, Antônio Passo; NOGUEIRA, Pedro Henrique (Coords.). **Negócios processuais**. 3. ed. Salvador: JusPodivm, 2017, p. 46.

17 FARIA, Guilherme Henrique Lage. **Negócios processuais no modelo constitucional de processo**. Salvador: JusPodivm, 2016, p. 44.

norma processual seria apenas a regra legislada; qualquer negócio envolveria necessariamente prerrogativas do juiz; e, não haveria espaço de consensualidade ou convencionalidade no direito público, e portanto no processo.

Dentre os doutrinadores que negam a existência do negócio jurídico processual, podemos citar nomes como: Candido Rangel Dinamarco; Alexandre Freitas Câmera; Daniel Mitidiero; Vicente Greco Filho; José Joaquim Calmon de Passos, entre outros doutrinadores.

Para Cândido Rangel Dinamarco[18], a existência de negócios jurídicos processuais, não é possível, pois os efeitos dos atos processuais sempre resultariam da lei, e não da vontade. Assim, os atos processuais das partes não teriam efeito da livre autorregulação, que é própria dos negócios jurídicos. De igual modo, os atos do juiz não teriam o efeito da livre autorregulação, sendo que esse não dispõe para si, nem executa atos no processo, com fundamento na autonomia da vontade, mas no poder estatal que esse é investido.

Para Daniel Mitidiero[19]: "todos os efeitos possíveis de ocorrência em virtude de atos dos sujeitos processuais já estão normados (ou normatizados) pela legislação".

Como já citado, todos os doutrinadores que negam a existência do instituto, tomam por base os mesmos pressupostos, de

18 DINAMARCO, Cândido Rangel. **Instituições de direito processual civil.** 6. ed. São Paulo: Malheiros, 2009, v.2, p. 484.

19 MITIDIEIRO, Daniel. **Comentários ao Código de Processo Civil.** São Paulo: Memória Jurídica, 2005, p.13.

que somente existe negócio jurídico se os efeitos produzidos decorrerem diretamente da vontade das partes e sem intervenção judicial, como bem concluí Leonardo Carneiro da Cunha[20]:

> Em suma, as opiniões contrárias à existência dos negócios processuais partem do pressuposto de que somente há negócio jurídico se os efeitos produzidos decorrerem direta e expressamente da vontade das partes, o que não ocorreria no processo, ou porque os efeitos decorrem da lei, ou porque seria necessária a intervenção judicial para que se produzam.

Para Humberto Teodoro Júnior[21], "parte da doutrina posicionou-se contrária ao negócio jurídico processual, sob o argumento de que afrontaria a segurança jurídica e o devido processo legal".

Ademais, é importante destacar que o não reconhecimento da existência desse instituto no direito brasileiro se deve ao modelo processual adotado no Brasil, qual seja o publicismo e estatismo, ou seja, o juiz é o protagonista do processo, cabendo a parte tão somente a função de provocar o juízo, como bem destaca Leonardo Carneiro da Cunha[22]:

---

20 CUNHA, Leonardo Carneiro da. Negócios jurídicos processuais no processo civil brasileiro. *In:* CABRAL, Antônio Passo; NOGUEIRA, Pedro Henrique (Coords.). **Negócios processuais.** 3. ed. Salvador: JusPodivm, 2017, p. 48.

21 THEODORO JÚNIOR, Humberto. **Curso de direito processual civil.** 56. ed. Rio de Janeiro: Forense, 2015, v. I, p.487.

22 CUNHA, Leonardo Carneiro da. Negócios jurídicos processuais no processo civil brasileiro. *In:* CABRAL, Antônio Passo; NOGUEIRA,

> Ao autor da demanda judicial apenas se reserva a simples função de provocar o exercício da jurisdição, outorgando-se ao juiz o poder de impulso do procedimento. [...] Passou-se, enfim, de um modelo liberal, em que o juiz mantinha uma postura passiva, para um modelo mais social, conferindo ao juiz a posição de protagonista do processo [...]. A legislação processual brasileira, embora seja permeada de estrutura liberal, sofreu a influência europeia de instituição do publicismo e da ruptura da visão liberal do processo, reforçando o protagonismo do juiz, seus poderes instrutórios e a estatalidade como marca da atividade jurisdicional.

E conclui Leonardo Carneiro da Cunha[23], dizendo que

> [e]sse modelo de processo, que foi adotado na legislação brasileira, influenciou a doutrina, que repeliu, por isso mesmo, a importância da atividade das partes, acarretando a conclusão de não ser possível haver negócios jurídicos processuais. A própria expressão "negócio jurídico" sempre soou como algo próprio do direito privado, não sendo compatível com a estatalidade da jurisdição e com os poderes conferidos ao juiz, nem com o seu protagonismo.

Contudo, mesmo havendo os doutrinadores contrários ao instituto, é importante destacar que antes do novo código de

---

Pedro Henrique (Coords.). **Negócios processuais**. 3. ed. Salvador: JusPodivm, 2017, p. 48.

23 CUNHA, Leonardo Carneiro da. Negócios jurídicos processuais no processo civil brasileiro. *In:* CABRAL, Antônio Passo; NOGUEIRA, Pedro Henrique (Coords.). **Negócios processuais**. 3. ed. Salvador: JusPodivm, 2017, p. 49.

processo civil, inúmeros doutrinadores brasileiros já aceitavam e defendiam a autonomia das partes e os negócios jurídicos processuais, como abordaremos no próximo tópico, com maior detalhamento.

2.2 Doutrina favorável

Conforme destacado anteriormente, há doutrinadores que negam a existência do negócio jurídico processual pelo modelo publicista e estatista do processo, não levando em conta a presença da vontade das partes, o que caracteriza o instituto, instrumento de estudo do presente trabalho.

Para Guilherme Henrique Lage Faria[24], a resistência aos negócios processuais, não passa de uma dimensão ideológica, senão vejamos:

> Percebe-se que a resistência aos negócios processuais, em sentido amplo, possui inegavelmente uma "dimensão ideológica", a qual se manifesta de maneira mais evidente ao se imaginar uma maior interferência das partes no processo, na medida em que, com esteio na socialização processual, 'há de se depurar a atividade probatória para que o ato de julgar não receba outras interferências e seja proferido de maneiras solipsista'.

Contudo, mesmo com inúmeros doutrinadores contrários à existência dos negócios jurídicos processuais, como bem destacado anteriormente, existem inúmeros doutrinadores que já

24 FARIA, Guilherme Henrique Lage. **Negócios processuais no modelo constitucional de processo**. Salvador: JusPodivm, 2016, p. 49.

defendiam a existência desse instituto, sendo que podemos destacar nomes como: Rogério Lauria Tucci; Pontes de Miranda; Barbosa Moreira; Leonardo Greco, entre tantos outros nomes conhecidos no mundo acadêmico.

Para esses autores, em inúmeros artigos do código de processo civil de 1973, já podíamos perceber a existência dos negócios jurídicos processuais típicos, como por exemplo o art. 158, que dizia: "Os atos das partes, consistentes em declarações unilaterais ou bilaterais de vontade, produzem imediatamente a constituição, a modificação ou a extinção de direitos processuais".

Desse modo, como bem destacou Leonardo Carneiro da Cunha[25], fazendo referências ao pensamento de Rogério Lauria Tucci, *in verbis:*

> Rogério Lauria Tucci entende que há negócios jurídicos processuais em razão do disposto no art. 158 do CPC. Os atos das partes podem criar, modificar e extinguir situações jurídicas, com efeitos imediatos, salvo a desistência da ação, cuja eficácia depende de homologação judicial. Elenca vários negócios processuais típicos e afirma que eles podem ser unilaterais e bilaterais, concluindo que a inércia do litigante pode também gerar a efetuação de um negócio jurídico processual.

Nessa mesma linha, Luiz Fux, admite os negócios processuais, contudo como hipóteses excepcionais, conforme explicação

---

25 FARIA, Guilherme Henrique Lage. **Negócios processuais no modelo constitucional de processo**. Salvador: JusPodivm, 2016, p. 50-51.

de Leonardo Carneiro da Cunha[26]:

> Luiz Fux também admite a existência de negócios jurídicos processuais, mas considera que são hipóteses excepcionais, presentes nos casos de disposição das partes quanto às regras processuais. Entende que as normas processuais são cogentes, mas há, na sua opinião, algumas poucas exceções que conferem poder dispositivo às partes, como nas hipóteses de suspensão do processo por convenção das partes, bem como no foro de eleição e na convenção sobre o ônus da prova.

Assim é notório que, mesmo timidamente os doutrinadores admitem a existência dos negócios jurídicos processuais típicos no antigo código de processo civil, como demonstra Guilherme Henrique Lage Faria[27], ao explicar o pensamento de Pontes de Miranda, *in verbis:*

> Pontes de Miranda entende que os atos processuais não são, em princípio, negócios jurídicos, mas reconhece os negócios jurídicos processuais sobre a desistência da demanda ou de recurso, o de não usar rito especial ou de não empregar o procedimento executivo, o de só se admitir prova documental, ou alguma outra, em determinados casos.

Dessa forma, é evidente que, o negócio jurídico, sempre esteve presente no sistema processual brasileiro, desde convenção sobre a eleição de foro, distribuição do ônus da prova, além de

---

26 FARIA, Guilherme Henrique Lage. **Negócios processuais no modelo constitucional de processo**. Salvador: JusPodivm, 2016, p. 52.

27 FARIA, Guilherme Henrique Lage. **Negócios processuais no modelo constitucional de processo**. Salvador: JusPodivm, 2016, p. 50.

existir a possibilidade dessa convenção entre as partes nas legislações extravagantes.

Além do instituto não ser algo novo no sistema processual ele também não era desconhecido dos nossos doutrinadores, como ficou evidente, e como bem destaca Flávio Luiz Yarshell[28]:

> A possibilidade de convenção das partes em matéria processual não é algo propriamente novo no sistema [...]. Tampouco o tema era desconhecido da doutrina nacional, bastando lembrar – por todos- o trabalho de José Carlos Barbosa Moreira, escrito há mais de trinta anos, com algo de visionário, ao menos para nós.

Por fim, com o código de processo civil de 2015, inúmeras questões já foram resolvidas, tendo em vista que o código ampliou a possibilidade de negócios jurídicos processuais, não sendo mais cabível a discussão de sua existência, tendo somente que estudar quais são os estilos de negócios jurídicos bem como a sua aplicabilidade e os seus limites, temas que abordaremos mais pra frente no trabalho, sendo que agora passaremos a estudar a classificação dos negócios jurídicos.

28 YARSHELL, Flávio Luiz. Convenção das partes em matéria processual: rumo a uma nova era? *In:* CABRAL, Antônio Passo; NOGUEIRA, Pedro Henrique (Coords.). **Negócios processuais**. 3. ed. Salvador: JusPodivm, 2017, p. 75-76.

3 CLASSIFICAÇÃO DOS NEGÓCIOS JURÍDICOS

Os negócios jurídicos processuais podem ser típicos, atípicos, unilaterais, bilaterais, plurilaterais, tácitos, expressos entre tantas outras classificações, tendo em vista que o universo desse instituto é consideravelmente amplo.

Nesse sentido, Guilherme Henrique Lage Faria[29], destaca bem a amplitude do instituto, senão vejamos: "O universo dos negócios processuais é consideravelmente amplo. Significativa parcela dos atos procedimentais praticados pelas partes pode ser enquadrada como autênticos negócios jurídicos processuais".

Isso não seria diferente, tendo em vista que o negócio jurídico processual, nada mais é do que a vontade das partes no processo.

Fernando Gajardoni[30], no mesmo sentido, diz que: "Dentro

---

29 FARIA, Guilherme Henrique Lage. **Negócios processuais no modelo constitucional de processo**. Salvador: JusPodivm, 2016, p. 69.

30 GAJARDONI, Fernando da Fonseca; DELLORE, Luiz; ROQUE, Andre Vasconcelos; OLIVEIRA JÚNIOR, Zulmar Duarte. **Teoria geral do processo**: comentários ao CPC de 2015. Parte geral. São

da já referida concepção mais ampla do que seriam os negócios jurídicos processuais, tem-se que eles podem ser unilaterais, bilaterais ou plurilaterais".

Dito isso, analisaremos primeiramente o que seria negócios unilaterais, bilaterais, plurilaterais, entre outras classificações doutrinarias, tentando assim, esgotar todas as diferentes classificações que os doutrinadores utilizam para o instituto.

Posteriormente passaremos a analisar, em capítulo próprio, as duas grandes espécies de negócios jurídicos processuais, ou seja, os negócios típicos e atípicos, onde será dado maior ênfase nos negócios jurídicos atípicos, até mesmo por ser a grande novidade que os legisladores colocaram no Novo Código de Processo Civil.

3.1 Negócios Jurídicos Unilaterais

Como o nome deixa claro, são os negócios jurídicos que levam em conta somente a vontade de uma das partes, como por exemplo a desistência e a renúncia, que leva em conta somente a vontade da parte desistente ou renunciante.

Dessa forma, esses negócios considerados unilaterais, são exercidos pela vontade de uma das partes e gera consequência no processo, como bem destacado anteriormente, a renúncia do prazo - artigo 225 do Novo Código de Processo Civil – ou ainda a desistência do recurso – artigo 988 do Novo Código de Processo Civil -, sendo que uma das partes, por sua vontade própria,

Paulo: Método, 2015, v. 1, p. 1.236-1.237.

ou seja, exercendo sua vontade, abdica de um direito, gerando consequências ao processo, como deixa claro, Daniel Amorim Assumpção Neves[31]:

> Há no processo negócios jurídicos unilaterais, por meio dos quais o sujeito processual, pelo exercício de vontade, gera consequências no processo. Nessa espécie de negócio jurídico apenas a vontade de uma das partes é relevante, como ocorre por exemplo, na renúncia ao prazo (art. 225 do Novo CPC), na desistência da execução ou de medida executiva (art. 775 do Novo CPC), na desistência do recurso (art. 998 do Novo CPC), na renúncia ao direito recursal (art. 999 do Novo CPC) etc.

Nesse mesmo sentido, Guilherme Henrique Lage Faria[32], justifica a existência dos negócios jurídicos unilaterais, citando o artigo 200 do novo Código de Processo Civil, senão vejamos: "Nos termos do art. 200 do Novo CPC, é possível visualizar negócios processuais unilaterais (que se perfazem pela manifestação de apenas uma vontade), como a desistência e a renúncia".

Evidente, que como já bem frisado, os negócios unilaterais dispensam a manifestação da parte contraria para que se produza seus efeitos, existindo inclusive negócio jurídico processual unilateral, quando a parte autora escolhe o procedimento do processo ao ajuizar uma demanda, obviamente quando existem mais de um procedimento admissível para essa demanda.

---

31 NEVES, Daniel Amorim Assumpção. **Manual de direito processual civil**. 9. ed. Salvador: JusPodivm, 2017, p. 387.

32 FARIA, Guilherme Henrique Lage. **Negócios processuais no modelo constitucional de processo**. Salvador: JusPodivm, 2016, p.69.

Contudo, tendo em vista todas essas premissas, Marcela Kohlbach de Faria[33], deixa claro que os negócios jurídicos unilaterais, por dispensarem a manifestação da parte contrária, são usualmente típicos.

Assim, explicado o que seria os negócios unilaterais, e alguns exemplos desses, passamos então para a análise do que seria os negócios jurídicos bilaterais.

3.2 Negócios Jurídicos Bilaterais

Em contrapartida, os negócios jurídicos bilaterais, são os negócios que necessitam da vontade das duas partes, para que possa haver a sua realização, ou seja, esse negócio necessariamente depende de um acordo de vontade entre as partes para que possa ser realizado.

Para Daniel Amorim Assumpção Neves[34], "[o] negócio processual bilateral depende de um acordo de vontade das partes [...]".

Fredie Didier Jr[35], detalha mais o conceito de negócio jurídi-

33 FARIA, Marcela Kohlback de. Negócios jurídicos processuais unilaterais e o requerimento de parcelamento do débito pelo executado. *In:* CABRAL, Antônio Passo; NOGUEIRA, Pedro Henrique (Coords.). **Negócios processuais**. 3. ed. Salvador: JusPodivm, 2017, p. 431.

34 NEVES, Daniel Amorim Assumpção. **Manual de direito processual civil**. 9. ed. Salvador: JusPodivm, 2017, p. 387.

35 DIDIER JÚNIOR, Fredie. Negócios jurídicos processuais atípicos no cpc-2015. *In:* CABRAL, Antônio Passo; NOGUEIRA, Pedro Henrique (Coords.). **Negócios processuais**. 3. ed. Salvador: JusPo-

co processual bilateral:

> Os negócios jurídicos bilaterais costumam ser divididos em contratos, quando as vontades dizem respeito a interesses contrapostos, e acordo ou convenções, quando as vontades se unem para um interesse comum. Não se nega a possibilidade teórica de um contrato processual, mas é certo que são mais abundantes os exemplos de acordos ou convenções processuais.

Sobre a classificação do negócio jurídico bilateral, não se tem muita dúvida, sendo que diferente do unilateral, esse somente nasce e gera efeito com a vontade das duas partes, o que torna esse "acordo ou convenção", essencial para a existência do negócio jurídico processual.

Outra diferença notória entre o negócio jurídico unilateral e o bilateral é que, aquele, conforme a doutrina, somente poderá ser negócios típicos, já os bilaterais podem ser negócios típicos ou atípicos.

Uma situação interessante, que merece grande destaque, é a de que os negócios processuais, já apresentados nesse trabalho, podem ter a sua classificação alterada em decorrência do momento em que se encontra o processo, como explica bem, Guilherme Henrique Lage Faria[36], *in verbis:*

> Situação interessante, e que se faz importante ressaltar, é a de

divm, 2017, p. 107.

36 FARIA, Guilherme Henrique Lage. **Negócios processuais no modelo constitucional de processo.** Salvador: JusPodivm, 2016, p. 71.

> que os negócios processuais podem alterar sua classificação em decorrência da etapa em que o processo se encontra, uma vez que a desistência da ação (negócio processual unilateral típico), quando já apresentada a contestação, se torna negócio bilateral, haja vista ser indispensável a concordância do réu para que essa produza os efeitos almejados.

Assim fica evidente que, dependendo do momento processual, um negócio unilateral poderá ser transformado em negócio bilateral, devido à necessidade ou não, do consentimento da vontade de ambas as partes.

Além dessas duas classificações, o negócio jurídico processual, poderá ser plurilateral, conforme explicaremos a seguir.

3.3 Negócios Jurídicos Plurilaterais

Existem no nosso sistema, negócio jurídicos plurilaterais, ou seja, formados pela a vontade de três ou mais sujeitos. Assim como no negócio bilateral, esse negócio jurídico somente será formado quando existir a vontade de mais de um sujeito.

Daniel Amorim Assumpção Neves[37], admite a existência de negócios jurídicos processuais plurilaterais, senão vejamos:

> Também pode o negócio jurídico processual ser plurilateral, quando a sua eficácia depende de um acordo de vontade das partes e do juiz, aqui entendido como órgão jurisdicional, já que nada impede a realização de tais espécies de negócio processual no tribunal, seja em atividade recursal ou originária.

---

37 NEVES, Daniel Amorim Assumpção. **Manual de direito processual civil**. 9. ed. Salvador: JusPodivm, 2017, p. 388.

Já para Guilherme Henrique Lage Faria[38], existem negócios plurilaterais, inclusive com a participação do juiz, mas também aquela em que esse não participa, como é o caso da sucessão processual voluntária (artigo 109, do Código de Processo Civil).

No mesmo sentido, Fredie Didier Jr.[39], explica a existência de negócios plurilaterais, além da participação do juiz, dizendo que existem sim esses negócios plurilaterais com a participação do magistrado, contudo existem outros exemplos, nos quais a participação do magistrado não é necessária, *in verbis:*

> Há também negócios plurilaterais, formados pela vontade de mais de dois sujeitos, como a sucessão processual voluntária (art. 109, CPC). É o que acontece, também, com os negócios processuais celebrados com a participação do juiz. Os negócios plurilaterais podem ser típicos, como o calendário processual (art. 191, CPC) e a organização compartilhada do processo (art. 357, §3º, CPC), ou atípicos, como acordo para realização de sustentação oral, o acordo para ampliação de tempo de sustentação oral [...].

Nesse ponto, apesar de muitos doutrinadores, aceitarem à existência de negócios jurídicos processuais atípicos plurilaterais, mais precisamente entre as partes e o juiz, como demons-

38 FARIA, Guilherme Henrique Lage. **Negócios processuais no modelo constitucional de processo**. Salvador: JusPodivm, 2016, p. 71.

39 DIDIER JÚNIOR, Fredie. Negócios jurídicos processuais atípicos no cpc-2015. *In:* CABRAL, Antônio Passo; NOGUEIRA, Pedro Henrique (Coords.). **Negócios processuais.** 3. ed. Salvador: JusPodivm, 2017, p. 107.

trado anteriormente, existem aqueles que entendem não ser possível a celebração desse negócio processual atípico.

Para esses doutrinadores, a função jurisdicional, somente é legitima se exercida nos limites previstos na lei.

Contudo, seguindo a opinião de Guilherme Henrique Lage Faria[40], de que a celebração de negócio jurídico atípico plurilateral, poderá resultar em maior efetividade para o cumprimento jurisdicional:

> Contudo, não comungamos da mesma opinião, haja vista que há inúmeras hipóteses em que a celebração de negócio processual atípico plurilateral poderá resultar em maior efetividade para o cumprimento do provimento jurisdicional (a título de exemplo, podemos mencionar a execução negociada de políticas públicas, que, via de regra, necessitam de prazo mais dilatado e o cumprimento de uma série de condicionantes, inclusive com a intervenção de terceiros, para serem efetivamente implementadas), favorecendo, do mesmo modo, a observância das demais garantias inerentes ao modelo constitucional de processo, haja vista que este novo regramento deverá ser construído de maneira cooperativa e dialogal entre os sujeitos processuais, conforme já se verificou.

A existência de negócios jurídicos processuais plurilaterais, além de serem possíveis, ainda podem resultar uma maior efetividade ao processo, desde que respeitem os princípios norteadores do Código de Processo Civil e da nossa Constituição Federal,

---

40 FARIA, Guilherme Henrique Lage. **Negócios processuais no modelo constitucional de processo**. Salvador: JusPodivm, 2016, p. 72.

não causando assim nulidades processuais.

Dito isso, finalizamos a análise dos negócios jurídicos plurilaterais, e no próximo tópico iremos analisar a possibilidade da existência de negócios expressos e de negócios tácitos.

3.4 Negócios Jurídicos Expressos e Tácitos

Os nossos doutrinadores ainda admitem a existência de negócios expressos e negócios tácitos, ou seja, existe a possibilidade de se fazer o negócio jurídico expressamente, formalizando a vontade da parte ou de ambas as partes, como por exemplo o foro de eleição, e existem os negócios tácitos, ou seja, aceitação de um ato no processo, pelo silêncio da parte ou pela execução de um ato de concordância.

Fredie Didier Jr.[41], explica e diferencia bem os negócios jurídicos processuais tácitos e expressos, senão vejamos: "Há negócios expressos, como o foro de eleição, e negócios tácitos, como o consentimento tácito do cônjuge para a propositura de ação real imobiliária, o consentimento tácito para a sucessão processual voluntária (art. 109, §1º, CPC), a recusa tácita à proposta de autocomposição formulada pela outra parte (art. 154, par. ún., CPC), a renúncia tácita à convenção de arbitragem (art. 337, §6º, CPC) e a aceitação tácita da decisão (art. 1.000, CPC)".

41 DIDIER JÚNIOR, Fredie. Negócios jurídicos processuais atípicos no cpc-2015. *In:* CABRAL, Antônio Passo; NOGUEIRA, Pedro Henrique (Coords.). **Negócios processuais**. 3. ed. Salvador: JusPodivm, 2017, p. 107.

E continua dizendo[42]: "Negócios tácitos tanto podem ser celebrados com comportamentos comissivos, como é o caso da prática de ato incompatível com a vontade de recorrer (aceitação da decisão), ou omissivos, como a não alegação de convenção de arbitragem. Há, então, omissões processuais negociais. Nem toda omissão processual é um ato-fato processual. O silêncio da parte pode, em certas circunstâncias, normalmente tipicamente previstas, ser uma manifestação de sua vontade".

Dessa maneira, temos que os negócios expressos são aqueles que a parte deixa claro a sua vontade, e os tácitos são aqueles que, apesar da parte não ter expressamente informado o seu desejo, a sua atitude (ação ou omissão) perante o processo, deixa claro a sua vontade.

Por fim, ainda existem doutrinadores que cogitam a existência de negócios estáticos e dinâmicos, como abordaremos a seguir.

3.5 Negócios Jurídicos Estáticos e Dinâmicos

Além das classificações tradicionais, já comentadas nos tópicos anteriores, alguns autores ainda classificam os negócios jurídicos como estáticos e dinâmicos.

Para Guilherme Henrique Lage Faria[43], citando, Flávio Luiz

42 DIDIER JÚNIOR, Fredie. Negócios jurídicos processuais atípicos no cpc-2015. *In:* CABRAL, Antônio Passo; NOGUEIRA, Pedro Henrique (Coords.). **Negócios processuais.** 3. ed. Salvador: JusPodivm, 2017, p. 107-108.

43 FARIA, Guilherme Henrique Lage. **Negócios processuais no mo-**

Yarshell: "É possível cogitar em negócios estáticos e dinâmicos, conforme a convenção preveja ou não um regramento diferenciado para o procedimento a ser seguido".

Os negócios estáticos são os que recaem sobre as normas procedimentais, mais conhecidos como acordos de procedimento, se restringindo a uma simples escolha de um procedimento que é previsto na lei, como explica Guilherme Henrique Lage Faria[44]:

> Os negócios bilaterais que recaem sobre as normas procedimentais, aqui denominados acordos de procedimento, podem se restringir a uma simples escolha quanto a um procedimento previamente previsto em lei, são negócios estáticos.

E continua[45], citando Flávio Luiz Yarshell:

> Nesta hipótese, os litigantes optam por determinados procedimentos quando a ordem jurídica assim o permite, mas sem haver uma livre disciplina, de natureza convencional, sobre como a causa deve ser processada.

Dessa maneira, é possível concluir que, as partes optam por um procedimento "x", quando a lei permitir, mas disciplinam, sobre como a causa deve ser julgada, em outras palavras, as partes apenas optam pelo procedimento, sendo que o regramento

---

delo constitucional de processo. Salvador: JusPodivm, 2016, p. 73.

44 FARIA, Guilherme Henrique Lage. **Negócios processuais no modelo constitucional de processo**. Salvador: JusPodivm, 2016, p. 73.

45 FARIA, Guilherme Henrique Lage. **Negócios processuais no modelo constitucional de processo**. Salvador: JusPodivm, 2016, p. 73.

utilizado será aquele da norma cogente, não alterando assim, a maneira como a causa andará, por isso denominado negócio jurídico estático.

Em contrapartida, as partes podem convencionar a adequação do procedimento, ou seja, adequar o processo para o caso concreto, criando assim, um "novo procedimento", onde as fases desse "novo sistema" podem ser modificadas ou restringidas, limitando prazos, os meios de provas, e até mesmo a forma dos atos processuais. Assim, na situação descrita alhures, estamos diante de um negócio jurídico processual dinâmico.

Dito isso, após a análise das possíveis classificações dos negócios jurídicos processuais, se averiguará a necessidade de homologação ou não dos negócios jurídicos, e se essa possível necessidade descaracteriza o instituto.

3.6 Os planos do negócio jurídico

Importante, outrossim, proceder a uma análise dos três planos do negócio jurídico: existência, validade e eficácia. "Plano da existência, plano da validade e plano da eficácia são os três planos nos quais a mente humana deve sucessivamente examinar o negócio jurídico, a fim de verificar se ele obtém plena realização".[46]

Sendo assim, socorremo-nos da doutrina de Farias e Rosenvald para organizar da seguinte forma a estrutura do negócio

46 AZEVEDO, Antônio Junqueira de. **Negócio jurídico**: existência, validade e eficácia. 4. ed. São Paulo: Saraiva, 2002, p. 24.

jurídico:

> "i) *plano da existência*, relativo ao ser, isto é, à sua estruturação, de acordo com a presença de elementos básicos, fundamentais, para que possa ser admitido, considerado;
>
> ii) *plano da validade*, dizendo respeito à aptidão do negócio frente ao ordenamento jurídico para produzir efeitos concretos;
>
> iii) *plano da eficácia*, tendo pertinência com a sua capacidade de produzir, desde logo, efeitos jurídicos ou ficar submetido a determinados elementos acidentais, que podem conter ou liberar tal eficácia".[47]

Os autores explicam essa estrutura nos seguintes termos:

> "Inicialmente, averigua-se a presença dos elementos estruturantes para que seja considerado na esfera jurídica. São elementos essenciais, sem os quais não terá o negócio sequer possibilidade de produzir efeitos. Em seguida, no nível da validade, se analisam os requisitos de conformidade com a ordem jurídica, para afirmar a aptidão do negócio para produzir efeitos. Finalmente, na última etapa, será conferida a produtividade imediata dos efeitos, ou não. Trata-se de análise progressiva, tendo como plano prejudicial e imprescindível a existência".[48]

---

47 FARIAS, Cristiano Chaves de; ROSENVALD, Nelson. **Curso de direito civil**: parte geral e LINDB. 11. ed. Salvador: JusPodivm, 2013, v. 1, p. 613-614.

48 FARIAS, Cristiano Chaves de; ROSENVALD, Nelson. **Curso de direito civil**: parte geral e LINDB. 11. ed. Salvador: JusPodivm, 2013, v. 1, p. 613-614.

De toda forma, em que pese a importância da menção dos planos do negócio jurídico, o escopo do presente trabalho não demanda maiores delongas sobre a matéria.

4 NECESSIDADE DE HOMOLOGAÇÃO DO NEGÓCIO JURÍDICO

A doutrina brasileira admite que existe negócio jurídico que necessita ser homologado pelo juiz para que possa produzir os seus efeitos, como é o caso da desistência do processo (artigo 200, parágrafo único do Novo Código de Processo Civil), mas também existem outros que não necessitam dessa homologação, como no caso do negócio tácito sobre a alteração da competência relativa.

Alguns doutrinadores afirmam que a necessidade de homologação judicial do negócio jurídico descaracteriza o ato como "negócio", uma vez que houve evidente intervenção judicial para a produção dos efeitos dessa "negociação".

Contudo, discorda-se desses doutrinadores, e comunga-se da posição adotada por Fredie Didier Jr.[49], que explica:

---

49 DIDIER JÚNIOR, Fredie. Negócios jurídicos processuais atípicos no cpc-2015. *In:* CABRAL, Antônio Passo; NOGUEIRA, Pedro Henrique (Coords.). **Negócios processuais**. 3. ed. Salvador: JusPodivm, 2017, p. 108.

> A necessidade de homologação judicial não descaracteriza o ato como negócio, assim como não deixa de ser negócio jurídico o acordo de divórcio em que há filhos incapazes, apenas porque se submete à homologação judicial. A autonomia privada pode ser mais ou menos regulada, mais ou menos submetida a controle, mas isso não desnatura o ato como negócio.

Nesse mesmo sentido, o enunciado número 260 do Fórum Permanente de Processualistas Civis, dispõe que: "A homologação, pelo juiz, da convenção processual, quando prevista em lei, corresponde uma condição de eficácia do negócio".

Assim fica evidente que, a necessidade de homologação é tão somente para que o negócio jurídico tenha eficácia, trazendo maior segurança e não descaracterizando o mesmo.

Além disso, a regra estipulada é a dispensa da necessidade de homologação judicial no negócio processual, conforme aduz Fredie Didier Jr.[50]:

> A regra é a dispensa da necessidade de homologação judicial do negócio processual. Negócios processuais que tenham por objeto as situações jurídicas processuais dispensam, invariavelmente, a homologação judicial. Negócios processuais que tenham por objeto mudanças no procedimento podem sujeitar-se a homologação, embora nem sempre isso ocorra; é o que acontece, por exemplo, com a desistência (art. 200, par. ún., CPC), a organização consensual do processo (art. 357, §2°,

50 DIDIER JÚNIOR, Fredie. **Curso de direito processual civil**: introdução ao direito processual civil, parte geral e processo de conhecimento. 17. ed. Salvador: JusPodivm, 2015, p. 379.

CPC) e a suspensão convencional do processo (art. 313, II, CPC).

Por fim, e novamente ressaltando, para a existência do negócio jurídico processual, o que vale e o que é relevante, é a vontade das partes em negociar, para que então se tenha algum efeito jurídico, independente da real necessidade, ou não, de homologação judicial, tendo em vista que a regra é da não necessidade, conforme já mencionado. Assim agora podemos analisar as espécies dos negócios jurídicos.

5 ESPÉCIES

O relevante para se caracterizar um ato como negócio jurídico é a vontade estar direcionada à prática do ato e, também, à produção de um efeito jurídico, como conceitua bem Fredie Didier Jr.[51]:

> O relevante para caracterizar um ato como negócio jurídico é a circunstância de a vontade estar direcionada não apenas à prática do ato, mas, também, à produção de um determinado efeito jurídico; no negócio jurídico, há escolha do regramento jurídico para uma determinada situação.

No mesmo caminho, Guilherme Henrique Lage Faria[52] conclui:

> No negócio jurídico, há escolha da categoria jurídica e/ou do regramento jurídico para uma determinada situação. [...] É

---

51 DIDIER JÚNIOR, Fredie. **Curso de direito processual civil**: introdução ao direito processual civil, parte geral e processo de conhecimento. 17. ed. Salvador: JusPodivm, 2015, p. 379.

52 FARIA, Guilherme Henrique Lage. **Negócios processuais no modelo constitucional de processo**. Salvador: JusPodivm, 2016, p. 74-75.

> nessa linha que o Novo CPC adota a possibilidade de "negociação" do procedimento, caminhando a passos sincronizados com uma concepção mais democrática de processo, valorizando ainda mais o modelo comparticipativo e trilhando uma linha de raciocínio importante para combater o mito do protagonismo judicial.

Evidente que, conforme explicado pelos doutrinadores, com o avanço da legislação, e com a possibilidade da escolha do regramento jurídico, ou, como conhecida "possibilidade de negociação do procedimento", os legisladores incluíram uma cláusula geral de negociação - artigo 190, do Código de Processo Civil de 2015, que será estudada adiante - que diferenciou os negócios jurídicos em duas espécies: típicos e atípicos.

Dessa forma, havendo a existência dessas duas modalidades, prevista no Novo Código de Processo Civil, analisaremos e apontaremos as diferenças entre elas. Começando pelos negócios típicos.

5.1 Negócios Jurídicos Típicos

Apesar do negócio jurídico processual, ser o produto da autonomia privada ou da autorregulação dos interesses das partes, ou interesse da parte (negócio unilateral), conforme já analisado anteriormente, conforme já analisado anteriormente, nada impede que a legislação determine o regime de negócios jurídicos.

Sobre o tema, Leonardo Carneiro da Cunha[53], expõem que:

---

53 CUNHA, Leonardo Carneiro da. Negócios jurídicos processuais no processo civil brasileiro. *In:* CABRAL, Antônio Passo; NOGUEIRA,

"O negócio jurídico é produto da autonomia privada ou da autorregulação de interesses, implicando liberdade de celebração e de estipulação. Isso não impede que a legislação fixe o regime de determinados negócios".

Assim, percebe-se que os negócios jurídicos processuais típicos, são os que a legislação determina, ou melhor, são aquelas regras que permitem à negociação entre as partes, fixando as regras que essas devem seguir.

Daniel Amorim Assumpção Neves[54], aduz que: "Sempre que a lei prever um negócio jurídico processual de forma expressa, tem-se um negócio jurídico processual típico".

Além de a lei definir quais são os negócios jurídicos processuais típicos, ela também limita a aplicação desses negócios, com isso, os negócios jurídicos típicos não necessitam do esforço das partes, para haver a sua regulamentação, como observa Leonardo Carneiro da Cunha[55]: "Nesse caso, tem-se um tipo previsto em lei, estando nela regulado. É o chamado negócio jurídico típico, sendo dispensável o esforço da(s) parte(s) na sua regulação. A regulação já está estabelecida em lei".

Pedro Henrique (Coords.). **Negócios processuais**. 3. ed. Salvador: JusPodivm, 2017, p. 54.

54 NEVES, Daniel Amorim Assumpção. **Manual de direito processual civil**. 9. ed. Salvador: JusPodivm, 2017, p. 388.

55 CUNHA, Leonardo Carneiro da. Negócios jurídicos processuais no processo civil brasileiro. *In:* CABRAL, Antônio Passo; NOGUEIRA, Pedro Henrique (Coords.). **Negócios processuais**. 3. ed. Salvador: JusPodivm, 2017, p. 54.

Os negócios jurídicos típicos estão espalhados em diversos artigos do Novo Código de Processo Civil, sendo que o mais tradicional e muito bem conhecido dos processualistas é a famosa cláusula de eleição de foro – artigo 63 do Novo Código de Processo Civil - onde as partes podem, antes do início da ação, modificar o foro competente para o processamento da futura demanda.

Existem inúmeros outros exemplos, como bem destaca Daniel Amorim Assumpção Neves[56], *in verbis:*

> Há outros exemplos, como na escolha do mediador ou conciliador (art. 168 do Novo CPC), a suspensão do processo por convenção das partes (art. 313, II, do Novo CPC), a convenção de arbitragem (art. 3º, §1º, do Novo CPC), o saneamento consensual (art. 357, §2º, do Novo CPC), o acordo para o adiamento da audiência de instrução e julgamento (art. 362, I, do Novo CPC), a convenção entre os litisconsortes para dividir entre si o tempo das alegações finais orais em audiência (art. 364, §1º, do Novo CPC), a convenção sobre a redistribuição do ônus da prova (art. 373, §3º, do Novo CPC), acordo para retirar dos autos o documento cuja falsidade foi arguida (art. 432, parágrafo único, do Novo CPC) e a escolha consensual do perito (art. 471 do Novo CPC).

Conforme visto e já comentado, os negócios jurídicos típicos estão espalhados no código e não em um único artigo, sendo que, a regulamentação de cada negócio típico, segue o seu arti-

56 NEVES, Daniel Amorim Assumpção. **Manual de direito processual civil**. 9. ed. Salvador: JusPodivm, 2017, p. 388.

go.

Como dito no início do trabalho, apesar da doutrina não comentar a existência de negócios processuais, o Código de Processo Civil de 1973, já previa os negócios típicos, sendo que muitos desses são repetidos no novo código, como é o exemplo da cláusula de eleição do foro – artigo 111 do Código de Processo Civil de 1973 e artigo 63 do Novo Código de Processo Civil.

Leonardo Carneiro da Cunha[57], observa muito bem que, além de existir negócios jurídicos típicos no código de processo civil de 1973, eles ainda poderiam se formar por meio da omissão, como no caso da propositura da demanda em foro incompetente, aliada a inércia do réu em opor a exceção de incompetência, nascendo assim um negócio jurídico omissivo típico.

Um ponto importante para ser frisado é que, os negócios jurídicos típicos produzem efeitos imediatos, sendo que o único negócio típico que não produz efeito imediato é a desistência da ação, que somente produzirá efeito, após a homologação pelo juiz.

Por fim, tendo em vista que esse não é o tema central do trabalho, apenas para questões de conhecimento, os negócios típicos podem ser unilaterais, bilaterais, plurilaterais, tácitos ou expressos. Assim analisaremos agora, os negócios jurídicos processuais atípicos.

---

57 CUNHA, Leonardo Carneiro da. Negócios jurídicos processuais no processo civil brasileiro. *In:* CABRAL, Antônio Passo; NOGUEIRA, Pedro Henrique (Coords.). **Negócios processuais**. 3. ed. Salvador: JusPodivm, 2017, p. 55.

5.2 Negócios Jurídicos Atípicos

Além dos já citados negócios jurídicos típicos, existem os negócios jurídicos processuais atípicos, ou seja, aqueles que não estão descritos na lei, sendo possível as partes pactuarem "negócios", estruturando-os de modo a atender às suas conveniências.

Apesar de muitos doutrinadores afirmarem que essa possibilidade de negócio jurídico somente é possível com o advento do Novo Código de Processo Civil, devido à cláusula geral de negociação – artigo 190 do *codex* – muitos afirmam que essa possibilidade já era existente no antigo código, como explica Leonardo Carneiro da Cunha[58], *in verbis:*

> Os negócios jurídicos atípicos estão autorizados pelo disposto no art. 158 do CPC de 1973, ao dispor que "os atos das partes, consistentes em declarações unilaterais ou bilaterais de vontade, produzem imediatamente a constituição, a modificação ou a extinção de direitos processuais.

Já para Daniel Amorim Assumpção Neves[59], os negócios atípicos são uma novidade advinda da instituição da cláusula geral de negociação (artigo 190 do Código de Processo Civil de 2015), senão vejamos:

---

58 CUNHA, Leonardo Carneiro da. Negócios jurídicos processuais no processo civil brasileiro. *In:* CABRAL, Antônio Passo; NOGUEIRA, Pedro Henrique (Coords.). **Negócios processuais.** 3. ed. Salvador: JusPodivm, 2017, p. 57.

59 NEVES, Daniel Amorim Assumpção. **Manual de direito processual civil**. 9. ed. Salvador: JusPodivm, 2017, p. 389.

> Diferente do diploma legal revogado, o Novo Código de Processo Civil passou a prever de forma expressa uma verdadeira cláusula geral de negócio jurídico processual, de forma a permitir, além das hipóteses específicas de negócio processual típico, que continuam entre nós, a celebração de acordo entre as partes de forma geral, envolvendo tanto o procedimento como as suas situações processuais.

Dessa forma, de maneira bem reduzida, os negócios jurídicos processuais atípicos, são aqueles que, as partes podem criar/negociar, de forma bem aberta, adaptando o processo a especificidades da causa, mesmo que isso não esteja previsto na legislação.

Fredie Didier Jr.[60], diz em seu livro que:

> O negócio processual atípico tem por objeto as situações jurídicas processuais - ônus, faculdades, deveres e poderes ("poderes", neste caso, significa qualquer situação jurídica ativa, o que inclui direitos subjetivos, direitos potestativos e poderes propriamente ditos). O negócio processual atípico também pode ter por objeto o ato processual - redefinição de sua forma ou da ordem de encadeamento dos atos, por exemplos.

E continua[61]:

---

60 DIDIER JÚNIOR, Fredie. **Curso de direito processual civil**: introdução ao direito processual civil, parte geral e processo de conhecimento. 17. ed. Salvador: JusPodivm, 2015, p. 380.

61 DIDIER JÚNIOR, Fredie. **Curso de direito processual civil**: introdução ao direito processual civil, parte geral e processo de conhecimento. 17. ed. Salvador: JusPodivm, 2015, p. 381.

> Não se trata de negócio sobre o direito litigioso - essa é a autocomposição, já bastante conhecida. No caso, negocia-se sobre o processo, alterando suas regras, e não sobre o objeto litigioso do processo. São negócios que derrogam normas processuais - *Normdisposition*, conforme designação de Gerhard Wagner.

Assim, apenas para ilustrar as questões discutidas anteriormente, poderíamos citar como negócios jurídicos processuais atípicos os acordos de impenhorabilidade, instância única, ampliação ou redução dos prazos entre tantos outros.

Por fim, considerando a infinidade de possibilidade dessa espécie de negócios jurídicos, não seria possível e nem viável a citação de todos, além disso, o nosso estudo não se volta aos exemplos e sim a existência, aplicabilidade e limites desses negócios, por isso, passaremos agora a analisar o artigo 190 do Novo Código de Processo Civil, de forma mais aprofundada, para o melhor entendimento do que seria os negócios atípicos.

6 ARTIGO 190 DO NOVO CÓDIGO DE PROCESSO CIVIL – CLÁUSULA GERAL DE NEGOCIAÇÃO

Desde a entrada em vigor do CPC/73, os conflitos aumentaram, a ciência jurídica avançou, os interesses decididos pelo judiciário foram transformados, as maneiras de resolver as demandas mudaram, o processo se tornou excessivamente moroso, judicializado e a figura do magistrado publicista já não satisfaz aos anseios da sociedade.

Em resposta a esses anseios da sociedade pós-moderna, o legislador brasileiro optou por adequar o direito processual civil, instituindo um Novo Código de Processo Civil, primeiro código processual brasileiro a ser totalmente promulgado dentro do sistema democrático.

Por meio do art. 190 do novo códex processual, o legislador brasileiro positivou os chamados negócios jurídicos processuais, permitindo que as partes deliberem e convencionem sobre o procedimento a ser adotado no processo, bem como no que concerne aos seus ônus, poderes, faculdades e deveres.

A presente pesquisa almeja, dentre outras coisas, contextualizar a atual situação dos negócios jurídicos processuais, fixando, paralelamente, o que se pretende com o novel código. A flexibilidade procedimental constitui forma democrática e constitucional de obter um processo justo e razoável, sem, contudo, prejudicar elementos importantes, como a previsibilidade, a segurança jurídica e o *due process of law*.

Para Alexandre Freitas Câmara, "a existência de negócios processuais não pode ser aceita, pois os atos de vontade realizados pelas partes produzem no processo apenas os efeitos ditados por lei"[62].

A doutrina majoritária contrária considera que a vontade das partes é absolutamente irrelevante no que diz respeito à produção dos efeitos do ato processual, uma vez que decorrem exclusivamente de enunciados normativos expressos[63].

Para Leonardo Carneiro da Cunha, a vasta doutrina contrária à existência do negócio jurídico processual parte do pressuposto de que só existe negócio jurídico se os efeitos produzidos decorrerem da vontade das partes, o que, a princípio, não haveria de

62 CÂMARA, Alexandre Freitas. **Lições de direito processual civil**. 25. ed. São Paulo: Atlas, 2014, v. 1, p. 276.

63 CUNHA, Leonardo Carneiro da. Negócios jurídicos processuais no processo civil brasileiro. *In:* CABRAL, Antônio Passo; NOGUEIRA, Pedro Henrique (Coords.). **Negócios processuais**. 3. ed. Salvador: JusPodivm, 2017, p. 27-62.

acontecer no âmbito do processo, seja porque os efeitos decorrem da lei, seja porque seria necessária a intervenção judicial para que pudessem se produzir.

Ademais, há a questão do modelo processual brasileiro, no qual cabe ao juiz o papel de protagonista do processo, com intenso caráter publicista e estatista, repelindo do processo a atividade das partes, atribuindo aos negócios jurídicos uma incompatibilidade com a esfera processual e limitando sua atuação apenas no que diz respeito ao direito privado[64].

Em sua tese de doutorado, Pedro Nogueira[65] resume os motivos da doutrina que discorda da possibilidade de negócios jurídicos processuais:

> As negativas ao conceito de negócio processual podem ser agrupadas em quatro vertentes: i)a incorporação da figura tipicamente privatística ao processo poderia ser fonte de equívocos e poderia atingir a própria autonomia do Direito Processual quanto à disciplina das formas processuais; ii) Os atos negociais celebrados fora do processo não teriam propriamente efeitos processuais ligados à vontade do agente (os efeitos desses atos para o processo sempre seriam *ex lege*); iii) as declarações

64 CUNHA, Leonardo Carneiro da. Negócios jurídicos processuais no processo civil brasileiro. *In:* CABRAL, Antônio Passo; NOGUEIRA, Pedro Henrique (Coords.). **Negócios processuais**. 3. ed. Salvador: JusPodivm, 2017, p. 27-62.

65 NOGUEIRA, Pedro Henrique Pedrosa. **Negócios jurídicos processuais**: análise dos provimentos judiciais como atos negociais. 2011. 243f. Tese (Doutorado em Direito) – Universidade Federal da Bahia. Salvador. 2011, p. 138.

negociais não produziriam efeitos imediatamente, mas somente após a intervenção ou intermediação judicial; iv) os negócios jurídicos com relevância processual (*v.g.* alienação da coisa litigiosa) seriam para o processo meros fatos.

Um intenso ideal antiliberal, aliado a um desnecessário publicismo levou a essa suposta inexistência de negócios jurídicos no âmbito do direito processual civil brasileiro.

Além disso, o protagonismo do juiz, enxergado quase que como verdadeira figura divina, aliado à irrelevância da vontade das partes, colaborou para este resultado, tendo em vista que o processo seria um concurso de atuações de sujeitos diferentes, onde uns pedem e outros, com a autoridade máxima dada pela figura da "caneta", decidem, configurando verdadeiro absurdo vincular o juiz à vontade das partes, que se encontravam em posição inferior à dele.

Em contrapartida, existe doutrina que admite e reconhece a existência do negócio jurídico processual em casos excepcionais, quase sempre relacionados a atos processuais menos relevantes, tais como eleição de foro, suspensão condicional do processo e ônus da prova.

Diogo de Almeida[66] sustenta que "se o processo civil, instrumento de jurisdição para a concretização de seus objetivos, falha, não produzindo os resultados esperados – rapidez e quali-

---

66 ALMEIDA, Diogo Assumpção Rezende de. **A contratualização do processo das convenções processuais no processo civil**. São Paulo: LTr, 2015, p. 75.

dade das decisões, com custo razoável –, a sociedade demanda mudança".

Foi no meio dessas circunstâncias adversas que adveio o novo código de processo civil brasileiro. A nova lei processual almeja equilibrar o que se tem de melhor em ambos os sistemas, buscando atender, ao mesmo tempo, a segurança e a efetividade, a celeridade e a busca pela verdade, os interesses públicos e privados, não se aplicando mais o modelo social de forma absoluta, sem, contudo, rechaçar as conquistas alcançadas pelo modelo, nem se retroceder aos radicalismos liberais de outrora, incorporando ao antigo modelo o "modelo cooperativo de processo".

No novo processo civil, a autonomia das partes é importante para o processo. E esse prestígio pode ser percebido em múltiplos dispositivos espalhados pelo novel *codex*, que reforçam a ideia de valorização da autonomia, possibilitando às partes negociarem sobre o processo, assegurando e respeitando de forma mais ampla o autorregramento.

O principal dispositivo que protagoniza essa mudança é o art. 190 do NCPC, o qual trouxe, de forma dispositiva, uma ampla efetividade para que se pudesse reconhecer a existência de negócios jurídicos processuais e a possibilidade de autorregramento da vontade.

Se a doutrina tinha várias ressalvas quanto à existência do instituto do negócio jurídico processual, o art. 190 do NCPC afastou a divergência, faltando apenas vencer outros aspectos inerentes à matéria.

Segundo Irla Zwirtes,

> o art. 190 do CPC se refere à flexibilização procedimental voluntária que permite as partes disporem sobre seus direitos, ônus, deveres e faculdade processuais ou a acordarem acerca do procedimento, conforme as particularidades do caso concreto.[67]

Para Sérgio Arenhart e Gustavo Osna[68], o instituto aqui estudado consiste na possibilidade que as partes possam dispor acerca da estrutura procedimental do processo, "em síntese, permitir que sejam derrogadas regras relacionadas ao desenvolvimento do processo, alterando sua tramitação a critério dos próprios sujeitos envolvidos na controvérsia".

Segundo Irla Zwirtes,

> o negócio processual funda-se na aproximação entre os sujeitos do conflito e o julgador, tendo as partes uma participação majorada não somente no que tange ao direito material, mas também no que se refere à estruturação do rito processual a ser casuisticamente adotado, permitindo por sua vez que as regras relacionadas ao desenvolvimento do processo sejam alteradas a critério da vontade das partes.[69]

---

67 ZWIRTES, Irla. **A validade do negócio jurídico processual**. Disponível em: http://www3.pucrs.br/pucrs/files/uni/poa/direito/graduacao/tcc/tcc2/trabalhos2015_2/irla_zwirtes.pdf. Acesso em: 23 dez. 2018.

68 ARENHART, Sérgio Cruz; OSNA, Gustavo. Os "acordos processuais" no projeto de CPC – aproximações preliminares. *In:* RIBEIRO, Darci Guimarães; JOBIM, Marco Félix (Org.). **Desvendando o novo CPC**. Porto Alegre: Livraria do Advogado, 2015, p. 139-155.

69 ZWIRTES, Irla. **A validade do negócio jurídico processual**. Dis-

Para Diogo de Almeida[70],

> as convenções processuais são um meio de modificação do procedimento ou de disposição de direitos processuais, pelas quais as partes, antes ou depois de instaurado o litígio, fixam novas regras para os atos processuais abstratamente previstos na lei.

Ainda, para o autor, "os contratos processuais são manifestações de vontades plurissubjetivas concorrentes dos contratantes, os quais dispõem de seus direitos processuais ou flexibilizam o procedimento"[71]. Tais acordos processuais possuem natureza contratual, e seu conteúdo nada mais é do que a disposição de direitos processuais dos contratantes, no que diz respeito a conflitos já instaurados ou futuros.

Conforme lição de Miguel Teixeira Sousa[72], "os negócios jurídicos são atos processuais de caráter negocial que constituem,

---

ponível em: http://www3.pucrs.br/pucrs/files/uni/poa/direito/graduacao/tcc/tcc2/trabalhos2015_2/irla_zwirtes.pdf. Acesso em: 23 dez. 2018.

70 ALMEIDA, Diogo Assumpção Rezende de. **A contratualização do processo das convenções processuais no processo civil**. São Paulo: LTr, 2015, p. 25.

71 ALMEIDA, Diogo Assumpção Rezende de. **A contratualização do processo das convenções processuais no processo civil**. São Paulo: LTr, 2015, p. 117.

72 SOUSA, Miguel Teixeira. Estudos sobre o novo processo civil, 1997. *In:* GODINHO, Robson. **Negócios processuais sobre o ônus da prova no novo código de processo civil**. São Paulo: Revista dos Tribunais, 2015, p. 130.

modificam ou extinguem uma situação processual".

Na doutrina de Leonardo Cunha[73], o negócio jurídico processual é "a possibilidade que as partes têm de ajustar as regras processuais às peculiaridades da causa, além de poderem negociar sobre ônus, poderes, faculdades e deveres processuais, antes ou durante o processo".

O caput do tão citado – já que importante – art. 190 do CPC, impõe que a possibilidade das convenções processuais só existe para aqueles processos cujos direitos admitam autocomposição, ou seja, o direito material controvertido, necessariamente, deverá ser disponível.

Fernando Gajardoni[74] leciona que "para que seja possível a convenção processual, o objeto do processo – isto é, o direito material a ser debatido ou em debate – deve ser autocomponível (renunciável, reconhecível, transacionável)".

Via de regra, os direitos materiais são disponíveis, sendo a indisponibilidade uma exceção. Vale ter em mente que direitos patrimoniais caracterizam-se pela disponibilidade, enquanto os direitos pessoais, por sua vez, são indisponíveis.

---

73 CUNHA, Leonardo Carneiro da. Negócios jurídicos processuais no processo civil brasileiro. *In:* CABRAL, Antônio Passo; NOGUEIRA, Pedro Henrique (Coords.). **Negócios processuais**. 3. ed. Salvador: JusPodivm, 2017, *passim*.

74 GAJARDONI, Fernando da Fonseca; DELLORE, Luiz; ROQUE, Andre Vasconcelos; OLIVEIRA JÚNIOR, Zulmar Duarte. **Teoria geral do processo**: comentários ao CPC de 2015. Parte geral. São Paulo: Método, 2015, v. 1.

A disponibilidade do direito é pressuposto de validade para o negócio jurídico processual, porquanto é impossível negociar acerca do que não é disponível.

Não obstante, importante ter em mente que há diferença entre indisponibilidade de direito material e indisponibilidade de direito processual.

Sustenta-se que a impossibilidade dos negócios processuais ocorre toda vez que a questão de fundo disser respeito a direitos sobre os quais as partes não podem dispor livremente. Também há quem faça uma ligação entre indisponibilidade e ordem pública, mas Diogo de Almeida[75] sustenta que a indisponibilidade não pode ser vista dessa forma indiferenciada.

Dessa maneira, o fato de o direito material controverso ser indisponível não necessariamente levará à indisponibilidade do direito processual, tendo em vista que recaem sobre direitos diferentes.

Para explicar, socorremo-nos da lição de Lucas de Macedo e Ravi Peixoto[76]: "se a convenção processual favorecer aquele que é titular do direito indisponível, ampliando sua proteção, o ne-

---

75 ALMEIDA, Diogo Assumpção Rezende de. **A contratualização do processo das convenções processuais no processo civil**. São Paulo: LTr, 2015, *passim*.

76 MACEDO, Lucas Buril de; PEIXOTO, Ravi de Mederios. Negócio processual acerca da distribuição do ônus da prova. *In:* GODINHO, Robson. **Negócios processuais sobre o ônus da prova no novo código de processo civil**. São Paulo: Revista dos Tribunais, 2015, p. 256.

gócio será válido".

Todo comportamento social, seja ele lícito ou ilícito, vai suscitar efeitos, mas, para que possamos saber quais são tais efeitos, é preciso, primeiramente, compreender o que é entendido como lícito pelo direito brasileiro.

O Código Civil não define especificadamente o que é lícito, mas estabelece que a licitude se relaciona essencialmente com a conformidade perante o Direito, o que leva à conclusão de que, a *contrario sensu*, será ilícito o que estiver em desconformidade com a lei.

Segundo a lição de Irla Zwirtes,

> o efeito do ato lícito é a sua validade. Para finalidade do caput do artigo 190 do NCPC, licitude tem o condão de permissão, ou seja, é lícito, é permitido as partes que estipulem mudanças no procedimento, desde que cumpridos os requisitos de lei para tal. Assim sendo, para que o negócio jurídico processual seja válido é necessário que o seu objeto seja lícito.[77]

Dessa maneira, é notável que o objeto do negócio processual há que ser dotado de licitude e o parâmetro para averiguá-lo é o respeito aos princípios e garantias processuais, sob pena de invalidade.

O negócio processual, uma vez que é espécie do gênero ne-

77 ZWIRTES, Irla. **A validade do negócio jurídico processual**. Disponível em: http://www3.pucrs.br/pucrs/files/uni/poa/direito/graduacao/tcc/tcc2/trabalhos2015_2/irla_zwirtes.pdf. Acesso em: 23 dez. 2018.

gócio jurídico, também está submetido a certos requisitos de validade. Um deles é a capacidade das partes.

Nos termos do caput do art. 190 do CPC, o negócio processual exige a capacidade plena dos sujeitos. Isso leva à possibilidade de se concluir que aqueles que não possuírem capacidade plena (de fato e de direito) não podem celebrar negócios jurídicos processuais.

Ainda que a lei tenha falado em capacidade plena, isso não pode ser interpretado taxativamente, devendo-se considerar as normas contidas no direito civil, de forma que a incapacidade que gera ato nulo (CC, art. 166, II) é a absoluta, ao passo que a incapacidade relativa leva apenas à anulabilidade (CC, art. 171, I).

Assim, em caso de incapacidade relativa, o negócio jurídico processual só será anulado por meio de demanda própria e concreto prejuízo, sendo vedado reconhecimento de ofício pelo juiz.

Ademais, sendo a incapacidade superada no decorrer da marcha processual, os atos processuais viciados pelo negócio processual eivado de vícios poderão ser convalidados.

Irla Zwirtes ressalta, contudo, que,

> há correspondência entre a capacidade no direito material e a capacidade no direito processual, uma vez que incapazes estão autorizados a celebrarem negócios processuais, desde que respeitados os requisitos legais (representação ou assistência)[78].

---

78 ZWIRTES, Irla. **A validade do negócio jurídico processual.** Disponível em:

De toda forma, há doutrina divergente, como é o caso de Fernando Gajardoni, para quem "por vedação legal específica (artigo 190, caput, CPC/2015) - e não do regime dos negócios jurídicos em geral -, não é possível às partes incapazes (artigos 3.º e 4.º do CC), mesmo que assistidas ou representadas, celebrarem negócio processual"[79].

Como já dito anteriormente, o *caput* do artigo 190 do Novo Código de Processo Civil, é uma cláusula geral de negociação, que pode ter como objeto as situações processuais e o procedimento.

Para Fredie Didier Jr.[80]:

> O *caput* do art. 190 do CPC é uma cláusula geral, da qual se extrai o subprincípio da atipicidade da negociação processual. Subprincípio, porque serve à concretização do princípio de respeito ao autorregramento da vontade no processo.

Leonardo Carneiro da Cunha[81], aduz que:

---

http://www3.pucrs.br/pucrs/files/uni/poa/direito/graduacao/tcc/tcc2/trabalhos2015_2/irla_zwirtes.pdf. Acesso em: 23 dez. 2018.

79 GAJARDONI, Fernando da Fonseca; DELLORE, Luiz; ROQUE, Andre Vasconcelos; OLIVEIRA JÚNIOR, Zulmar Duarte. **Teoria geral do processo**: comentários ao CPC de 2015. Parte geral. São Paulo: Método, 2015, v. 1, *passim*.

80 DIDIER JÚNIOR, Fredie. Negócios jurídicos processuais atípicos no cpc-2015. *In:* CABRAL, Antônio Passo; NOGUEIRA, Pedro Henrique (Coords.). **Negócios processuais**. 3. ed. Salvador: JusPodivm, 2017, p. 109.

81 CUNHA, Leonardo Carneiro da. Negócios jurídicos processuais no

> As partes podem, à evidência, negociar regras processuais. Além de poderem ajustar o procedimento para as peculiaridades de sua causa, as partes podem negociar sobre ônus, poderes, faculdades e deveres processuais, antes ou durante o processo. As partes podem, por exemplo, definir outros deveres e sanções, para além daqueles já previstos na legislação.

Nessa mesma senda, Pedro Henrique Nogueira[82], diz que:

> O *caput* do art. 190 do CPC/2015 admite a celebração entre as partes de negócios jurídicos bilaterais (acordos) sobre o procedimento. Trata-se de manifestação do que alguns denominam de flexibilização procedimental voluntária. É preciso considerar que as especificidades da causa mencionadas no enunciado normativo constituem as circunstâncias que as próprias partes convencionam como relevantes para conferir um tratamento diferenciado ao procedimento.

Assim, é possível visualizar que a cláusula geral de negociação, existente no artigo 190 do Código de Processo Civil de 2015, é a regra geral para a negociação atípica, conforme já discutida anteriormente.

Sem essa cláusula, não existiria regramento para os negócios atípicos, o que enfraqueceria e muito esse instituto, uma vez que

---

processo civil brasileiro. *In:* CABRAL, Antônio Passo; NOGUEIRA, Pedro Henrique (Coords.). **Negócios processuais**. 3. ed. Salvador: JusPodivm, 2017, p. 70.

82 NOGUEIRA, Pedro Henrique. Sobre os acordos de procedimento no processo civil brasileiro. *In:* CABRAL, Antônio Passo; NOGUEIRA, Pedro Henrique (Coords.). **Negócios processuais**. 3. ed. Salvador: JusPodivm, 2017, p. 102.

não seria possível colocar limites nessa espécie de acordo jurídico.

O tão falado artigo 190 do Novo Código de Processo Civil, aduz que:

> Versando o processo sobre direitos que admitam autocomposição, é lícito às partes plenamente capazes estipular mudanças no procedimento para ajustá-lo às especificidades da causa e convencionar sobre os seus ônus, poderes, faculdades e deveres processuais, antes ou durante o processo.

O artigo 190 do Novo Código de Processo Civil, estipula alguns requisitos para serem seguidos, para que então se tenha a existência e validade do negócio jurídico processual atípico, requisitos que serão analisadas em momento oportuno no trabalho.

Contudo, antes de passar a análise desses requisitos, temos que ressaltar que o negócio processual atípico, tem por objeto as situações jurídicas processuais, ou seja, ônus, faculdades, deveres e poderes, podendo ainda ter por objeto o ato processual.

Ademais, para regulamentar o negócio jurídico processual atípico, existe normas que disciplinam esse instituto, sendo considerado por alguns doutrinadores como um microssistema, como bem destaca Fredie Didier Jr.[83]:

> Há um conjunto de normas que disciplinam a negociação so-

83 DIDIER JÚNIOR, Fredie. **Curso de direito processual civil**: introdução ao direito processual civil, parte geral e processo de conhecimento. 17. ed. Salvador: JusPodivm, 2015, p. 382 -383.

> bre o processo. Esse conjunto pode ser considerado um microssistema. O art. 190 e o art. 200 do CPC são o núcleo de microssistema e devem ser interpretados conjuntamente, pois restabelecem o modelo dogmático da negociação sobre o processo no direito processual civil brasileiro.

Com isso, após breve explicação, pode-se concluir que, o negócio atípico, seguindo as regras do artigo 190 do Novo Código de Processo Civil, pode recair sobre dois grupos de objetos, sendo eles: ônus, faculdades, deveres e poderes das partes e redefinição da forma ou ordem dos atos processuais.

Nesse sentido, temos o disposto no enunciado 257 do Fórum Permanente de Processualistas Civis, que dispõe: "O art. 190 autoriza que as partes tanto estipulem mudanças do procedimento quanto convencionem sobre os seus ônus, poderes, faculdades e deveres processuais".

Apenas para efeitos de conhecimento, o professor Cassio Scarpinella Bueno[84], faz uma crítica quanto ao posicionamento do artigo em estudo, senão vejamos: "Trata-se nessa perspectiva, de regra inequivocamente voltada às partes e que, bem entendida, deveria estar alocada ao lado dos demais atos das partes [...]".

Por fim, como já adiantado, para a existência do negócio jurídico processual atípico, devem ser preenchidos alguns requisitos, que serão estudados nos próximos capítulos.

---

84 BUENO, Cassio Scarpinella. **Manual de direito processual civil**: inteiramente estruturado à luz do novo CPC – lei n 13.105, de 16-3-2015. São Paulo: Saraiva, 2015, p. 264.

Para se falar em flexibilização procedimental, há que se distinguir processo de procedimento. O processo almeja ao resultado, posto que é instituto que abrange todos os atos necessários à prestação jurisdicional no caso concreto, podendo ter um ou mais procedimentos para dinamizar o processo e estabelecer regras entre partes e juiz.

O processo de conhecimento será sempre processo de conhecimento, independentemente do procedimento. O que diferencia os institutos é a maneira como o processo de conhecimento correrá, sendo que, em cada procedimento, há especificidades para a prática de atos processuais.

Conforme lição de Irla Zwirtes,

> o procedimento regula os atos processuais e vincula todos os sujeitos do processo a ele, tanto autor, réu, juiz, como auxiliares da justiça, e é a flexibilidade desse procedimento que determina o sistema processual a que determinado país é pertencente, se rígido, formal, legal ou liberal. Essa flexibilização procedimental pode ser auferida conforme os níveis de liberalidade que as partes ou o juiz possuem para modificarem essas regras legalmente pré-estabelecidas.[85]

Segundo Diogo de Almeida, "sempre que o ato processual é praticado de modo diverso daquele previsto na lei configura-se determinada flexibilização, alteração ou modificação da for-

85 ZWIRTES, Irla. **A validade do negócio jurídico processual**. Disponível em: http://www3.pucrs.br/pucrs/files/uni/poa/direito/graduacao/tcc/tcc2/trabalhos2015_2/irla_zwirtes.pdf. Acesso em: 23 dez. 2018.

ma".[86]

Via de regra, se estabelecerá um procedimento rígido, com a estruturação e organização interna do processo com vistas a dar ordem e segurança, limitando o poder do magistrado[87].

Contudo, segurança e previsibilidade, não pressupõem o seguimento à risca de todo o procedimento legalmente predeterminado, considerando-se que se pode coibir o arbítrio e a previsibilidade por outros meios, que não os legais.

A participação efetiva das partes em todas as variações do procedimento garante a segurança jurídica e a previsibilidade do processo legal, sendo, também, uma alternativa à coibição do arbítrio.

A velocidade com que os conflitos e os problemas sociais se desenvolvem e a velocidade que o poder legislativo atua nesses casos passaram a ser um obstáculo ao procedimento legal, uma vez que nem sempre a norma vigente será a mais adequada para a realidade social naquele tempo, se tornando obsoleta.

Destarte, fica inafastável a importância de um procedimento a ser seguido, com o intuito de resguardar a segurança jurídica e a previsibilidade. No entanto, ainda há controversas acerca da origem deste procedimento. Poderia ele ser fornecido pelo Estado, pelos poderes Judiciário ou Legislativo? Ou, ainda, poderia

---

86 ALMEIDA, Diogo Assumpção Rezende de. **A contratualização do processo das convenções processuais no processo civil**. São Paulo: LTr, 2015.

87 OLIVEIRA, Carlos Alberto de. **Do formalismo do processo civil**. 2. ed. São Paulo: Saraiva, 2003, p. 217.

ser realizado pela autocomposição das partes?

Para responder esses pontos, Fernando Gajardoni estipula três requisitos importantes: a finalidade, o contraditório e a motivação. Na seara do contraditório, Carlos de Oliveira estuda as possibilidades das partes participarem não somente como partes em si, mas podendo participar na formação do procedimento e dos provimentos judiciais.

Para se falar em flexibilização procedimental, há que se falar no princípio do contraditório, ou seja, na participação das partes e sua capacidade de influenciar o procedimento. Dessa maneira, a flexibilização procedimental não fere o devido processo legal, posto que este também pressupõe o direito a um procedimento adequado.

Além disso, a Constituição da República estabeleceu como ponto primordial um processo justo, sem, contudo estabelecer que deveriam ser seguidas estritamente as regras do Código de Processo Civil.

Portanto, ao que tudo indica, a flexibilização procedimental não parece violar o *due process of law*. Pelo contrário, legitima-o ainda mais, porquanto a participação das partes leva a uma maior efetividade do processo, tornando-o muito mais justo, célere e adaptado ao caso concreto.

Ademais, a possibilidade de flexibilizar o procedimento se encontra amparada nos princípios da adequação e da adaptabilidade.

Tais princípios, em que pese não possuam legislação específica, estão implícitos no sistema processual pátrio, já que o legislador precisa regular as formas conforme as necessidades e costumes modernos.

Na ausência da regulação por parte do legislador, cabe ao magistrado ou às partes regularem.

Chegamos, agora, no momento de diferenciar os três possíveis sistemas de flexibilidade procedimental: flexibilidade procedimental legal genérica ou alternativa; flexibilidade procedimental judicial; e flexibilidade procedimental voluntária.

O negócio jurídico processual se enquadra no sistema da flexibilidade procedimental voluntária, talvez o mais exótico, se comparado ao nosso modelo tradicional vinculado ao sistema legal.

Nesse sistema, as partes são protagonistas, responsáveis pela escolha dos procedimentos, mesmo em caráter excepcional e condicionado, devendo o magistrado fazer o controle de legalidade e razoabilidade, um papel secundário.

O CPC-15 atua concomitante com os quatro sistemas de flexibilidade procedimental, adotando preponderantemente o sistema de flexibilidade procedimental legal, que por vezes é genérica e por vezes é alternativa e, em determinadas situações também adota o sistema procedimental judicial. Quanto à flexibilidade procedimental voluntária e a flexibilidade procedimental legal no novo CPC, Fernando Gajardoni *et al* lecionam:

> Além de o responsável pela flexibilização ser distinto nos dois casos (juiz e partes), deve ser observado que as partes têm uma amplitude muito maior de flexibilização do procedimento do que o juiz. O juiz, de acordo com o modelo de flexibilização le-

> gal genérica mitigado do CPC/2015 (artigo 139, VI), só pode ampliar prazos (não pode reduzi-los) ou alterar a ordem de produção de provas. As partes plenamente capazes, por outro lado, podem, no modelo de flexibilização voluntária do procedimento (convenção de procedimento) (artigo 190 do CPC/2015), alterar qualquer regra do procedimento nas causas que admitem autocomposição, ampliando e reduzindo prazos, suprimindo ou inserindo etapas do procedimento etc. O juiz, contudo, mesmo nos casos de convenção das partes para alteração do procedimento, controlará, de ofício ou a requerimento, a validade da flexibilização voluntária, recusando-lhe a aplicação nos casos de nulidade ou inserção abusiva em contrato de adesão ou no qual alguma parte se encontre em manifesta situação de vulnerabilidade (artigo 190, parágrafo único, do CPC/2015).[88]

Portanto, nas ações onde o direito discutido admita autocomposição, as partes plenamente capazes podem entrar em acordo também no que diz respeito ao procedimento adotado, estabelecendo as regras dos atos processuais, cabendo a elas aumentar ou diminuir prazos para recursos e manifestações no processo, estabelecer novas formas para citação ou dispensa de intimação, etc. Não obstante, não se pode convencionar sem o contraditório ou abrindo mão totalmente dele.

Além da convenção sobre o procedimento, as partes podem

---

88 GAJARDONI, Fernando da Fonseca; DELLORE, Luiz; ROQUE, Andre Vasconcelos; OLIVEIRA JÚNIOR, Zulmar Duarte. **Teoria geral do processo**: comentários ao CPC de 2015. Parte geral. São Paulo: Método, 2015, v. 1.

acordar sobre situações jurídicas processuais (seus ônus, poderes, faculdades e deveres). Na lição de Fernando Gajardoni *et al*,

> é nesse ponto que se encontra uma das inovações mais importantes e impactantes do CPC/2015, na medida em que o regramento das situações jurídicas processuais sempre foi hermeticamente fechado a qualquer influência das partes.[89]

Portanto, o novo códex processual inseriu no nosso ordenamento o sistema de flexibilidade procedimental voluntária, permitindo às partes convencionarem sobre o procedimento e situações jurídicas.

Note-se que o artigo 190 da nova codificação processual civil trouxe inovação que, tornamos a repetir, tem dado margem a muitas dúvidas e debates, especialmente no que diz respeito aos seus limites.

Conforme preconiza tal diploma legal, contanto que o processo verse sobre direitos que admitam autocomposição, as partes plenamente capazes podem estipular mudanças no procedimento, ajustando-o às especificidades da causa e convencionando acerca dos seus ônus, poderes, faculdades e deveres processuais, antes ou durante o processo.

E o magistrado só tem margem para realizar controle de validade do negócio processual nas hipóteses do parágrafo único

89 GAJARDONI, Fernando da Fonseca; DELLORE, Luiz; ROQUE, Andre Vasconcelos; OLIVEIRA JÚNIOR, Zulmar Duarte. **Teoria geral do processo**: comentários ao CPC de 2015. Parte geral. São Paulo: Método, 2015, v. 1.

do supracitado artigo, quais sejam: situações de nulidade ou de inserção abusiva em contrato de adesão, ou quando uma parte se encontrar em situação de manifesta vulnerabilidade.

Em contrapartida, nota-se que o novo diploma legal restringiu as hipóteses em que se admite a interposição do recurso de agravo de instrumento, com rol taxativo de decisões agraváveis no artigo 1.015 e seu parágrafo.

O fato de esse rol ser *numerus clausus* tem sido objeto de críticas, principalmente porque não inclui, entre as decisões agraváveis, a que acolhe ou rejeita alegação de incompetência absoluta ou relativa[90], pois o *codex* processual, em seu artigo 1.009, § 1º, impõe que decisões não agraváveis podem ser revistas mediante apelação, podendo ser impugnadas quando da interposição do recurso, ou nas contrarrazões, ou seja, elas não precluem.

Parece-nos que a reforma da decisão que rejeita ou acolhe preliminar de incompetência, seja absoluta ou relativa, depois de toda a tramitação processual na primeira instância, podendo-se anular todos os atos processuais já praticados, vai de encontro aos princípios da celeridade, da economia processual e da própria efetividade do processo.

Dessa maneira, decisões que rejeitam ou acolhem a alegação de incompetência haveriam de ser passíveis de impugnação

90 Importante observar que este é um dos exemplos mais críticos e, portanto, será utilizado como paradigma, no entanto, a análise sobre a ampliação das hipóteses de cabimento de agravo de instrumento mediante negócio processual é aplicável a qualquer decisão que não se encontre prevista no rol do artigo 1.015 do CPC.

imediata.

José Miguel Garcia Medina[91] opina pela impetração de mandado de segurança para a solução do problema.

Em contrapartida, a celebração de negócio jurídico processual entre as partes, admitindo a interposição de agravo de instrumento, serviria bem para solucionar o problema ora levantado.

Contudo, ampliar as hipóteses de cabimento do agravo de instrumento esbarra no fato de o rol de recursos ser *numerus clausus*, ou seja, só a lei pode criar novos recursos para novas situações.

Socorremo-nos da lição de Didier para explicar[92]:

> não se pode criar recurso por negócio processual (um recurso ordinário para o STF diretamente contra decisão de primeira instância, por exemplo), nem se pode alterar regra de cabimento de recurso (agravo de instrumento em hipótese não prevista em lei, por exemplo).

Além do óbice da reserva legal, observa o professor que: "em ambos os casos, no final das contas, se estaria negociando sobre competência funcional, que é absoluta".

Por outro lado, poder-se-ia argumentar que o princípio da legalidade haveria de ser deixado de lado em favor da economia

91 MEDINA, José Miguel Garcia. **Direito processual civil moderno.** São Paulo: Revista dos Tribunais, 2015, p. 1.231.

92 DIDIER JÚNIOR, Fredie. **Curso de direito processual civil.** 17. ed. Salvador: JusPodivm, 2015, v. I, p. 388.

processual e da duração razoável do processo, exatamente porque a pré-existência de um recurso em lei almeja justamente a impedir o tumulto processual e a pluralidade de manifestações de inconformidade, com razões meramente protelatórias, da parte a quem a decisão prejudica.

Assim, interessante é a celebração de um acordo entre as partes quanto à possibilidade de impugnar determinada decisão por meio de agravo de instrumento, seguindo-se o procedimento legal do recurso e com o pagamento de todas as despesas processuais e taxas necessárias, porquanto, ao nosso ver, não geraria qualquer irregularidade ou prejuízo, seja para as partes, seja para a Fazenda Pública ou para o próprio Tribunal, tendo em vista que todas as despesas seriam custeadas pelos contratantes.

7 REQUISITOS DO NEGÓCIO JURÍDICO PROCESSUAL

Conforme mencionado no capítulo anterior, o artigo 190 do Código de Processo Civil de 2015, regulamenta a existência do negócio jurídico atípico e determina alguns requisitos para que esse negócio possa ser válido.

Como qualquer outro negócio jurídico, os negócios jurídicos processuais passam pelo plano da existência, da validade e da eficácia, por isso existe a necessidade do estudo dos requisitos exigidos na cláusula geral de negociação.

Humberto Theodoro Júnior[93], nos ensina que:

> A alteração convencional de alguns procedimentos, que a lei autoriza para ajustá-los às especificidades da causa, exige o preenchimento dos seguintes requisitos: (i) a causa deve versar sobre direitos que admitam autocomposição; (ii) as partes devem ser plenamente capazes; e (iii) a convenção deve limitar-se aos ônus, poderes, faculdades e deveres processuais das partes (art.

---

93 THEODORO JÚNIOR, Humberto. **Curso de direito processual civil**. 56. ed. Rio de Janeiro: Forense, 2015, v. I, p. 486.

190, *caput*).

Na concepção de Fredie Didier Jr.[94], os negócios processuais para serem válidos devem: "a) ser celebrados por pessoas capazes; b) possuir objeto lícito; c) observar forma prevista ou não proibida por lei (arts. 104, 166 e 167, Código Civil)".

Nesse mesmo sentido, ensina Daniel Amorim Assumpção Neves[95], *in verbis*:

> Tratando-se o negócio jurídico processual previsto pelo art. 190 do Novo CPC de espécie de negócio jurídico, não restam dúvidas que sua validade depende do preenchimento dos requisitos previstos no art. 104 do CC. Dessa forma, exige agente capaz, objeto lícito, possível, determinado ou determinável e forma prescrita ou não defesa em lei.

O enunciado número 403 do Fórum Permanente dos Processualistas Civis corrobora com os entendimentos dos doutrinadores, senão vejamos: "A validade do negócio jurídico processual, requer agente capaz, objeto lícito, possível, determinado ou determinável e forma prescrita ou não defesa em lei."

Dito isso, passaremos agora a analisar os requisitos ora apontados. Essa análise se faz necessária para o entendimento das hipóteses de nulidade e os limites dos negócios jurídicos proces-

---

94 DIDIER JÚNIOR, Fredie. **Curso de direito processual civil**: introdução ao direito processual civil, parte geral e processo de conhecimento. 17. ed. Salvador: JusPodivm, 2015, p. 384.

95 NEVES, Daniel Amorim Assumpção. **Manual de direito processual civil**. 9. ed. Salvador: JusPodivm, 2017, p. 394.

suais.

7.1 Capacidade

O artigo 190 do Novo Código de Processo Civil, em seu *caput*, exige que as partes sejam plenamente capazes para que assim, possam realizar os negócios jurídicos processuais atípicos.

Até esse ponto, parece muito óbvio, que somente os capazes podem celebrar os negócios atípicos, contudo já citado artigo 190, não esclarece a que capacidade o *caput* está se referindo, o que gera inúmeros posicionamentos doutrinários.

Daniel Amorim Assumpção Neves[96], destaca que

> A capacidade dos sujeitos que celebram o negócio jurídico é tema que gera divergência na doutrina, estando também previsto no art. 190, *caput*, do Novo CPC, que exige para sua validade que as partes sejam plenamente capazes. Trata-se de capacidade material, processual ou de ambas?

E completa[97]:

> Há corrente doutrinária que defende tratar-se de capacidade material, de forma que os relativamente ou absolutamente incapazes, mesmo que assistidos ou representados não podem celebrar negócio jurídico. Outra corrente doutrinária entende que a capacidade exigida é tão somente a processual, de forma

96 NEVES, Daniel Amorim Assumpção. **Manual de direito processual civil**. 9. ed. Salvador: JusPodivm, 2017, p. 394.

97 NEVES, Daniel Amorim Assumpção. **Manual de direito processual civil**. 9. ed. Salvador: JusPodivm, 2017, p. 394.

que havendo representação processual os incapazes poderão celebrar o negócio jurídico.

Assim, é possível perceber que pelo simples fato do artigo 190 do Novo Código de Processo Civil não citar de qual capacidade é exigida, temos a divergência doutrinária, o que eleva muito à discussão do tema.

Guilherme Henrique Lage Faria[98] citando Fredie Didier Jr., defende que a capacidade de que se tratou o já mencionado artigo, é a capacidade processual:

> Assim, visando suprir tal omissão, Didier ressalta que é a capacidade processual o requisito de validade exigido a prática dos negócios processuais. No caso, exige-se a capacidade processual negocial, que pressupõe a capacidade processual, mas não se limita a ela, pois 'a vulnerabilidade é caso de incapacidade negocial que a princípio não atinge a capacidade processual geral'. Um consumidor é processualmente capaz, embora possa ser um incapaz processual negocial, dado a sua vulnerabilidade presumida em lei (art. 4º, I da Lei 8.078/90).

E já a porção que defende que a capacidade é material, é visível no enunciado número 38 da Escola Nacional de Formação e Aperfeiçoamento de Magistrados (ENFAM), senão vejamos: "Somente partes absolutamente capazes podem celebrar convenção pré-processual atípica (arts. 190 e 191 do CPC/2015)".

98 FARIA, Guilherme Henrique Lage. **Negócios processuais no modelo constitucional de processo**. Salvador: JusPodivm, 2016, p. 86.

Para Fredie Didier Jr.[99], os incapazes podem celebrar negócios processuais, mas nunca poderão celebrar tais negócios sozinhos, senão vejamos:

> Incapazes não podem celebrar negócios processuais sozinhos. Mas se estiver devidamente representado, não há qualquer impedimento para que o incapaz celebre um negócio processual. De fato, não há sentido em impedir negócio processual celebrado pelo espólio (incapaz processual) ou por um menor, sobretudo quando se sabe que, extrajudicialmente, suprida a incapacidade pela representação, há para esses sujeitos mínimas limitações para a negociação.

Dessa maneira, seguimos os ensinamentos do mestre Didier, bem como os ensinamentos de Daniel Amorim Assumpção Neves[100], de que a capacidade exigida pelo o artigo 190 do Código de Processo Civil de 2015 não é exclusivamente material, sendo necessário que a parte tenha capacidade em estar em juízo, onde os incapazes ganham essa capacidade ao serem representados.

Esses ensinamentos são importantes, uma vez que o parágrafo único do artigo 190 do Novo Código de Processo Civil, traz a hipótese específica de incapacidade processual negocial, como

99 DIDIER JÚNIOR, Fredie. **Curso de direito processual civil**: introdução ao direito processual civil, parte geral e processo de conhecimento. 17. ed. Salvador: JusPodivm, 2015, p. 385.

100 NEVES, Daniel Amorim Assumpção. **Manual de direito processual civil**. 9. ed. Salvador: JusPodivm, 2017, p. 394.

bem destacou Guilherme Henrique Lage Faria[101], *in verbis:*

> O parágrafo único do art. 190 traz hipótese específica de incapacidade processual negocial: a incapacidade pela situação de vulnerabilidade. Há vulnerabilidade quando houver desequilíbrio entre os sujeitos na relação jurídica, fazendo com que a negociação não se aperfeiçoe em igualdade de condições.

Assim, é possível verificar que, a incapacidade trazida no parágrafo único do artigo 190 do *códex* processual civil brasileiro de 2015 é quando uma parte está em manifesta situação de vulnerabilidade, o que a torna incapaz para efetivar a negociação, ou seja, a sua vulnerabilidade retira a capacidade negocial.

Guilherme Henrique Lage Faria[102], citando Yashell, destaca que:

> a igualdade das partes e a correspondente "paridade de armas" são relevantes para a validade de qualquer disposição convencional, ou seja, as partes devem ser iguais para que se tenha a existência e validade do negócio jurídico processual, não podendo admitir que uma das partes, seja por proeminência econômica ou de outra natureza, imponha a outra parte regras processuais prejudiciais ou desiguais.

Guilherme Henrique Lage Faria[103], ainda completa:

101 FARIA, Guilherme Henrique Lage. **Negócios processuais no modelo constitucional de processo**. Salvador: JusPodivm, 2016, p. 87.

102 FARIA, Guilherme Henrique Lage. **Negócios processuais no modelo constitucional de processo**. Salvador: JusPodivm, 2016, p. 87.

103 FARIA, Guilherme Henrique Lage. **Negócios processuais no modelo constitucional de processo**. Salvador: JusPodivm, 2016, p. 87.

> A partir da noção de garantia da paridade de armas, "assegura-se plena disponibilidade de instrumentos de fixação de direitos, deveres, ônus e faculdades na mesma medida a todas as partes", com vistas à possibilidade de desempenho do contraditório dentro do chamado binômio informação/reação.

Com efeito, sempre que as partes não se encontrarem em pé de igualdade, para a formação do negócio jurídico processual, poderá conter vício e então ensejar a sua invalidade.

Ao pensar no incapaz fica fácil, sendo que esse se presume vulnerável, contudo existe quem seja juridicamente capaz, mas que na relação existente, esse capaz pode ser vulnerável, como na relação de consumo, o que retira a sua capacidade negocial.

Fredie Didier Jr.[104] diz que:

> Assim, nada impede, em tese, a celebração de negócios processuais no contexto do processo consumerista ou trabalhista. Caberá ao órgão jurisdicional, em tais situações, verificar se a negociação foi feita em condições de igualdade; se não, recusará eficácia ao negócio. Note que o parágrafo único do art. 190 concretiza as disposições do art. 7º e do art. 139, I, CPC, que impõem ao juiz o dever de zelar pela igualdade das partes.

Para Fernando Gajardoni[105]:

---

104 DIDIER JÚNIOR, Fredie. **Curso de direito processual civil**: introdução ao direito processual civil, parte geral e processo de conhecimento. 17. ed. Salvador: JusPodivm, 2015, p. 386.

105 GAJARDONI, Fernando da Fonseca; DELLORE, Luiz; ROQUE, Andre Vasconcelos; OLIVEIRA JÚNIOR, Zulmar Duarte. **Teoria geral do processo**: comentários ao CPC de 2015. Parte geral. São

> A capacidade das partes é a genérica, para a prática de atos jurídicos em geral (artigo 2.º do CC). Por vedação legal específica (artigo 190, caput, CPC/2015) – e não do regime dos negócios jurídicos em geral –, não é possível às partes incapazes (artigos 3.º e 4.º do CC), mesmo que assistidas ou representadas, celebrarem negócio processual. O interesse público recomendou, tanto quanto recomenda no artigo 1.º da Lei n.º 9.307/1996 (Lei de Arbitragem), que a situação jurídica do incapaz, inclusive processual, seja preservada conforme as regras legais, limitando-se, por conseguinte, a autonomia de sua vontade (na verdade exercitável pelo seu representante/assistente). Tanto que a lei condiciona a celebração de convenção por partes plenamente capazes, isto é, que não estejam a depender de interposta pessoa para o exercício de seus direitos processuais (capacidade *ad processum*).

Contudo, com a devida vênia ao posicionamento do doutrinador, ousamos discordar, tendo em vista que, respeitando os princípios constitucionais do contraditório e da ampla defesa, bem como, garantindo a "paridade das armas", é possível o incapaz – independente da sua incapacidade -, desde que devidamente representado, obter a capacidade negocial e então celebrar o negócio jurídico processual atípico.

7.1.1. Acompanhamento técnico-jurídico

Antes de analisar outro requisito do negócio jurídico processual, não poderíamos deixar de tocar no ponto da necessidade,

---

Paulo: Método, 2015, v. 1, p. 1.238-1.239.

ou não, do acompanhamento do advogado para a elaboração do negócio jurídico processual.

Fredie Didier Jr.[106], deixa claro que um indício de vulnerabilidade é o fato da parte não estar acompanhada de assessoramento técnico jurídico, contudo, o doutrinador ressalta que, essa vulnerabilidade não é presumida, mas é uma pista para ela.

Tal posicionamento do autor é confirmada pelo o artigo 133 da Constituição Federal de 1988[107], bem como pelo enunciado número 18 do Fórum Permanente dos Processualistas Civis[108].

Contudo, não existe a obrigação da presença do advogado para a celebração do negócio jurídico processual, sendo que nas situações em que não houver a sua presença, caberá ao juiz, em cada caso concreto, analisar a existência da vulnerabilidade.

Nesse sentido, destaca Flávio Luiz Yarshell[109]:

---

106 DIDIER JÚNIOR, Fredie. Negócios jurídicos processuais atípicos no cpc-2015. *In:* CABRAL, Antônio Passo; NOGUEIRA, Pedro Henrique (Coords.). **Negócios processuais.** 3. ed. Salvador: JusPodivm, 2017, p. 116.

107 Art. 133. O advogado é indispensável à administração da justiça, sendo inviolável por seus atos e manifestações no exercício da profissão, nos limites da lei.

108 Enunciado n. 18 do FPPC – Há indício de vulnerabilidade quando a parte celebra acordo de procedimento sem assistência técnico-jurídica.

109 YARSHELL, Flávio Luiz. Convenção das partes em matéria processual: rumo a uma nova era? *In:* CABRAL, Antônio Passo; NOGUEIRA, Pedro Henrique (Coords.). **Negócios processuais**. 3. ed. Salvador: JusPodivm, 2017, p. 88.

> A validade do negócio processual não está condicionada à presença de advogado – embora evidentemente ela seja desejável por se tratar de matéria técnica, que presumivelmente escapa ao conhecimento do leigo.

Por fim, apesar de não ser obrigatória a presença do advogado, conforme ressaltado alhures, é extremamente recomendado que se tenha o acompanhamento do profissional habilitado para tanto, evitando desigualdades e nulidades no negócio processual.

7.2 Objeto

Evidente que todo objeto do negócio jurídico processual, deverá ser lícito, como determina o *caput* do artigo 190 do Novo Código de Processo Civil, dessa forma Fernando Gajardoni[110], aduz: "Não é válido negócio jurídico processual bilateral atípico com objeto ilícito. Não se admite, exemplificativamente, negócio processual a afastar a incidência das garantias do devido processo legal (constitucional)".

Nesse mesmo sentido, Daniel Amorim Assumpção Neves[111], traz que:

> O objeto lícito é determinado pelo próprio art. 190, *caput*, do

110 GAJARDONI, Fernando da Fonseca; DELLORE, Luiz; ROQUE, Andre Vasconcelos; OLIVEIRA JÚNIOR, Zulmar Duarte. **Teoria geral do processo**: comentários ao CPC de 2015. Parte geral. São Paulo: Método, 2015, v. 1, p. 1.239.

111 NEVES, Daniel Amorim Assumpção. **Manual de direito processual civil**. 9. ed. Salvador: JusPodivm, 2017, p. 395.

> Novo CPC, sendo lícito o negócio jurídico que versar sobre procedimento e as posições processuais das partes, com todas as limitações impostas pelo sistema processual [...].

Apesar dos já citados doutrinadores, abordarem de forma direta e resumida o objeto do negócio jurídico processual atípico, Fredie Didier Jr.[112], diz que: "O Objeto do negócio é o ponto mais sensível e indefinido da dogmática da negociação processual atípica".

Para um melhor exame sobre a licitude do objeto dos negócios jurídicos processuais, Fredie Didier Jr.[113], elenca algumas diretrizes, sendo elas:

> a) adoção do critério proposto por Peter Schlosser, para avaliar o consenso das partes sobre o processo civil: *in dubio pro libertate*;
>
> b) a negociação atípica somente pode realizar-se em causas que admitam solução por autocomposição (requisito objetivo expresso).

Dito isso, é importante destacar que, embora o negócio processual não se reflita ao objeto do processo, é mais do que evidente que a negociação sobre as situações jurídicas processuais

112 DIDIER JÚNIOR, Fredie. Negócios jurídicos processuais atípicos no cpc-2015. *In:* CABRAL, Antônio Passo; NOGUEIRA, Pedro Henrique (Coords.). **Negócios processuais**. 3. ed. Salvador: JusPodivm, 2017, p. 116.

113 DIDIER JÚNIOR, Fredie. **Curso de direito processual civil**: introdução ao direito processual civil, parte geral e processo de conhecimento. 17. ed. Salvador: JusPodivm, 2015, p. 387.

ou sobre a estrutura do procedimento pode afetar a solução de mérito da causa.

Fredie Didier Jr.[114], explica que: "Esse reflexo que o negócio processual possa vir causar na resolução do direito litigioso justifica a proibição de sua celebração em processos cujo objeto não admita autocomposição".

De outra forma, caso a flexibilização do procedimento não afete o direito material em debate, nesse caso, pode haver a negociação em processos que não admitam autocomposição, conforme o enunciado número 135 do Fórum Permanente de Processualistas Civis[115].

Ademais, o direito em litigio pode ser indisponível, mas admitir autocomposição, como bem lembra Fredie Didier Jr.[116], ao dizer: "Por isso o texto legal fala em direito que admita autocomposição e não direito disponível".

Nessa mesma senda, Cassio Scarpinella Bueno[117], nos ensina

114 DIDIER JÚNIOR, Fredie. Negócios jurídicos processuais atípicos no cpc-2015. *In:* CABRAL, Antônio Passo; NOGUEIRA, Pedro Henrique (Coords.). **Negócios processuais**. 3. ed. Salvador: JusPodivm, 2017, p. 117.

115 Enunciado n. 135 do FPPC – A indisponibilidade do direito material não impede, por si só, a celebração de negócio jurídico processual.

116 DIDIER JÚNIOR, Fredie. Negócios jurídicos processuais atípicos no cpc-2015. *In:* CABRAL, Antônio Passo; NOGUEIRA, Pedro Henrique (Coords.). **Negócios processuais**. 3. ed. Salvador: JusPodivm, 2017, p. 117.

117 BUENO, Cassio Scarpinella. **Manual de direito processual civil**: inteiramente estruturado à luz do novo CPC – lei n 13.105, de 16-3-

que:

> Em qualquer caso, contudo, importa que o processo (futuro ou presente) diga respeito, a "direitos que admitam autocomposição", conceito mais amplo (e mais preciso) que o mais tradicional, de direitos patrimoniais disponíveis. *Sim, porque há aspectos de direitos indisponíveis que admitem alguma forma de autocomposição.*

Com isso, devemos ressaltar a importância em não confundir direitos indisponíveis com direitos que não admitam autocomposição, para que se tenha uma visão correta do objeto dos negócios jurídicos processuais atípicos, sempre lembrando que todo e qualquer objeto deve ser lícito.

Além disso, a autocomposição não tem como objeto o direito material em si, mas sim as formas de exercício desse direito.

De forma bem resumida, o objeto do negócio jurídico, deve ser lícito, também deve respeitar o devido processo legal, e de nenhuma maneira poderá retirar direitos fundamentais das partes ou colocá-las em posição de desigualdade ou vulnerabilidade.

Por fim, os negócios jurídicos, deverão respeitar sempre os princípios constitucionais e processuais, não podendo ultrapassar os limites das normas cogentes, sob pena de invalidade, sendo o objeto limitado nos parâmetros da lei, assunto que estudaremos em capítulo específico.

2015. São Paulo: Saraiva, 2015, p. 264, grifo nosso.

7.3 Forma

Outro ponto bastante discutido entre os doutrinadores é sobre a forma com que o negócio jurídico deve ser feito, sendo que alguns entendem que os negócios jurídicos processuais são de forma livre, podendo inclusive serem feitos oralmente; outros doutrinadores ensinam que os negócios jurídicos processuais, devem ser formulados de forma escrita, trazendo maior segurança ao instituto.

Daniel Amorim Assumpção Neves[118], em seu livro, nos ensina que, apesar da forma do negócio jurídico ser livre, ele preferencialmente deverá ser escrito, senão vejamos:

> A forma do negócio jurídico é outro tema que vem despertando controvérsia, já que há doutrinadores que defendem a possibilidade de o negócio ser celebrado oralmente, enquanto outros exigem a forma escrita. Entendo ser preferível exigir-se a forma escrita em razão da previsibilidade e de segurança jurídica que devem nortear o negócio jurídico processual ora analisado.

Nesse mesmo sentido, Fernando Gajardoni[119], aduz que, apesar de ser cogitado a forma livre do negócio jurídico processual, até mesmo podendo ser de forma oral, o mínimo que se exige é

---

118 NEVES, Daniel Amorim Assumpção. **Manual de direito processual civil**. 9. ed. Salvador: JusPodivm, 2017, p. 395.

119 GAJARDONI, Fernando da Fonseca; DELLORE, Luiz; ROQUE, Andre Vasconcelos; OLIVEIRA JÚNIOR, Zulmar Duarte. **Teoria geral do processo**: comentários ao CPC de 2015. Parte geral. São Paulo: Método, 2015, v. 1, p. 1.239-1.240.

a forma escrita, dando maior segurança ao instituto, *in verbis:*

> No tocante à forma da convenção, que deve ser a prescrita ou não vedada em lei, não se observa disposição legal a estabelecê-la. Certamente se cogitará que há liberdade na forma da convenção, que pode ser celebrada, inclusive, de modo oral. Contudo, a falta de parâmetros seguros para o desenvolvimento do processo em juízo é fator absolutamente indesejável, dando ensejo a conflito paralelo e preliminar sobre quais serão as regras processuais avençadas a permitir a solução do conflito de fundo. Quer parecer, assim, que o parâmetro mínimo da convenção processual é que ela seja escrita (ainda que apresentada oralmente nos autos do processo e reduzida a termo), aplicando-se integrativamente o disposto nos artigos 63, § 1.º, do CPC/2015 (artigo 111, § 1.º, CPC/1973) e 4.º, § 1.º, da Lei de Arbitragem (Lei n.º 9.307/1996). Valores como previsibilidade e segurança jurídica, inclusive por serem decorrentes da cláusula do devido processo legal, devem prevalecer sobre tese em sentido contrário.

No sentido oposto, Fredie Didier Jr.[120], afirma que: "a foram do negócio jurídico processual atípico é livre", e completa dizendo:

> A consagração da atipicidade da negociação processual liberta a forma com o que o negócio jurídico se apresenta. Assim, é possível negócio processual oral ou escrito, expresso ou tácito, apresentado por documento formado extrajudicialmente ou

120 DIDIER JÚNIOR, Fredie. **Curso de direito processual civil**: introdução ao direito processual civil, parte geral e processo de conhecimento. 17. ed. Salvador: JusPodivm, 2015, p. 389.

> em mesa de audiência etc. Há, porém, casos excepcionais (foro de eleição e convenção de arbitragem, p. ex.) em que a lei exige forma escrita.

Percebe-se a consagração da atipicidade da negociação, excluindo é claro, as hipóteses em que a lei exige forma própria, mas abrindo espaço para a forma livre, sem um rigor legal.

Contudo, ousamos discordar um pouco de Fredie Didier Jr., sendo que, apesar da forma da celebração do negócio jurídico ser livre, ele deverá ser de forma escrita, visando uma maior segurança para as partes que estão celebrando, evitando discussões sobre a existência ou não da negociação processual.

Além disso, Guilherme Henrique Lage Faria[121], faz uma observação bastante pertinente ao tema, senão vejamos:

> Quando celebrado extrajudicialmente, o negócio processual deve ser formulado na forma escrita, tendo em vista que sua eficácia no processo está condicionada à sua inserção nos autos, submetendo-se, via de consequência, em consonância com o parágrafo único do art. 190 do NCPC, ao controle por parte do juiz de sua validade.

Ademais, o negócio jurídico processual, poderá sim ser de forma oral em audiência, onde será reduzido a termo e colecionado aos autos, o que trará ainda maior segurança para todas as partes envolvidas no litigio.

---

121 FARIA, Guilherme Henrique Lage. **Negócios processuais no modelo constitucional de processo**. Salvador: JusPodivm, 2016, p. 99-100.

Flávio Luiz Yarshell[122], termina com a discussão, apresentando a necessidade da forma escrita, mesmo quando eventualmente o negócio seja feito oralmente, *in verbis:*

> No negócio processual a declaração de vontade que lhe confere existência deve necessariamente ter a forma escrita. Ainda que ela seja eventualmente manifestada oralmente em audiência – ou em alguma outra oportunidade em que isso seja possível – ela deve ser reduzida a termo; ou, quando menos, ela deve registrada em suporte que permita sua oportuna reprodução, sempre que isso for necessário.

Por fim, por ser uma exceção ao procedimento previsto em lei, a existência do negócio jurídico processual atípico, deve ser comprovada pela à parte, por isso, a forma mais segura é que se formule um contrato, assinado pelas partes, o que trará maior segurança jurídica ao sistema.

7.4 Vontade

Como já analisado anteriormente, o negócio jurídico processual, dependendo se é unilateral ou bilateral, depende da vontade(s) da(s) parte(s), jamais podendo ser esse negócio imposto a qualquer dos envolvidos, salvo, se o negócio jurídico processual é unilateral, onde somente se tem a participação de uma única parte.

---

122 YARSHELL, Flávio Luiz. Convenção das partes em matéria processual: rumo a uma nova era? *In:* CABRAL, Antônio Passo; NOGUEIRA, Pedro Henrique (Coords.). **Negócios processuais**. 3. ed. Salvador: JusPodivm, 2017, p. 77.

Dessa maneira, temos que a vontade é condição geradora do negócio processual, ou seja, é requisito essencial para a existência do instituto.

Nesse ponto Fernando Gajardoni[123], diz:

> Além da licitude dos elementos gerais do negócio jurídico (agente, objeto e forma), é necessário, ainda, que se preserve a autonomia da manifestação de vontade das partes, invalidando as convenções celebradas com vícios de vontade ou sociais.

A vontade das partes é tão importante para a existência e validade do negócio processual, que o Fórum Permanente de Processualistas Civis (FPPC) editou um enunciado a respeito desse fato, sendo que o enunciado número 404 estabelece que: "nos negócios processuais, atender-se-á mais à intenção consubstanciada na manifestação de vontade do que ao sentido literal da linguagem."

Assim, é importante destacar que a exteriorização da vontade das partes é importante para a existência do negócio jurídico, nunca podendo aceitar um negócio imposto, como explicado no capítulo.

Por fim, estamos diante de uma evolução, onde se tem maior liberdade das partes dentro do processo, acabando com a figura do processo rígido, onde as partes somente poderiam fazer aqui-

123 GAJARDONI, Fernando da Fonseca; DELLORE, Luiz; ROQUE, Andre Vasconcelos; OLIVEIRA JÚNIOR, Zulmar Duarte. **Teoria geral do processo**: comentários ao CPC de 2015. Parte geral. São Paulo: Método, 2015, v. 1, p. 1.240.

lo previsto na lei, sem ao menos saber se tais atitudes trariam algum prejuízo, contudo sempre observando as limitações à aplicação dessa vontade.

8 MOMENTO DE CELEBRAÇÃO DO NEGÓCIO JURÍDICO PROCESSUAL

O já citado *caput* do artigo 190 do Código de Processo Civil de 2015, nos remete a possibilidade da sua celebração antes ou durante o processo.

Nesse sentido, podemos observar que as celebrações ocorridas em momento anterior ao processo, aproxima-se e muito com a arbitragem, como destaca Daniel Amorim Assumpção Neves[124]:

> No tocante à celebração em momento anterior ao processo, concordo com a doutrina que defende uma aproximação do negócio jurídico processual ora analisado com a arbitragem, de forma que a convenção possa ser elaborada por meio de cláusula contratual ou por meio de instrumento em separado, celebrado concomitantemente ou posteriormente ao contrato principal.

---

124 NEVES, Daniel Amorim Assumpção. **Manual de direito processual civil**. 9. ed. Salvador: JusPodivm, 2017, p. 393.

Nessa mesma senda, Fernando Gajardoni[125], compara os negócios jurídicos com a cláusula compromissória e com o compromisso arbitral, senão vejamos:

> Com bom parâmetro comparativo na Lei de Arbitragem – que fala em cláusula compromissória e compromisso arbitral (artigos 4.º e 9.º da Lei n.º 9.307/1996) –, o artigo 190, *caput*, do CPC/2015 estabelece a possibilidade de as convenções processuais serem celebradas antes ou durante o processo.

E completa dizendo[126]:

> As primeiras, as convenções pré-processuais, ordinariamente são celebradas em cláusulas contratuais específicas, inclusive no bojo dos próprios instrumentos contratuais atinentes à relação jurídica material (compra e venda, concessão, doação, distribuição etc.). Não há impedimento, todavia, para que a celebração se dê em instrumento contratual separado celebrado concomitantemente ou posteriormente ao contrato principal (artigo 4.º, § 1.º, da Lei n.º 9.307/1996). Mais uma vez utilizando-se do parâmetro da Lei de Arbitragem (artigo 8.º), tem-se que convenção pré-processual é autônoma em relação ao contrato em que estiver inserta, de tal sorte que a nulidade deste

125 GAJARDONI, Fernando da Fonseca; DELLORE, Luiz; ROQUE, Andre Vasconcelos; OLIVEIRA JÚNIOR, Zulmar Duarte. **Teoria geral do processo**: comentários ao CPC de 2015. Parte geral. São Paulo: Método, 2015, v. 1, p. 1.244.

126 GAJARDONI, Fernando da Fonseca; DELLORE, Luiz; ROQUE, Andre Vasconcelos; OLIVEIRA JÚNIOR, Zulmar Duarte. **Teoria geral do processo**: comentários ao CPC de 2015. Parte geral. São Paulo: Método, 2015, v. 1, p. 1.244-1.245.

não implica, necessariamente, a nulidade da convenção.

Assim é evidente que, os negócios jurídicos, pré-processuais, são aqueles formados antes do início do processo.

Fredie Didier Jr[127], também confirma que o momento da formação do negócio jurídico processual, pode ser antes ou durante o processo, senão vejamos:

> Os negócios processuais podem ser celebrados antes ou durante a litispendência. O *caput* do art. 190 é expresso ao permitir essa possibilidade. Ratifica-se, então, o que se disse acima: o negócio jurídico é processual se repercutir em processo atual ou futuro.

Contudo, Fredie Didier Jr.[128], afirma que pode haver negócio jurídico processual, inserido em contrato de adesão, desde que não coloque uma das partes em vulnerabilidade.

Sobre o negócio pré-processual, podemos destacar que, por se tratar de um acordo antes do início do procedimento jurídico, as partes tratarão de um processo futuro, o que dará maior liberdade de negociação, como por exemplo especificação das provas que serão admitidas, ou o procedimento a ser adotado -

---

127 DIDIER JÚNIOR, Fredie. Negócios jurídicos processuais atípicos no cpc-2015. *In:* CABRAL, Antônio Passo; NOGUEIRA, Pedro Henrique (Coords.). **Negócios processuais**. 3. ed. Salvador: JusPodivm, 2017, p. 112.

128 DIDIER JÚNIOR, Fredie. Negócios jurídicos processuais atípicos no cpc-2015. *In:* CABRAL, Antônio Passo; NOGUEIRA, Pedro Henrique (Coords.). **Negócios processuais**. 3. ed. Salvador: JusPodivm, 2017, p. 113.

se a lei permitir mais de um.

Em contrapartida, o negócio jurídico que é celebrado durante o processo, pode ser realizado por um acordo extrajudicial e protocolado em juízo, como também pode ser feito de forma oral na audiência – independente de qual espécie de audiência, podendo ser audiência de mediação e conciliação (artigo 334, Novo Código de Processo Civil) ou a audiência de instrução e julgamento.

Fernando Gajardoni[129] ensina que: "A convenção também pode ser processual, no curso de demanda já ajuizada. As partes a celebrarão por instrumento escrito apresentado a juízo ou mediante redução da convenção a termo nos autos".

Fredie Didier Jr.[130] afirma que: "Ambiente propício para a celebração de acordos processuais é a audiência de saneamento e organização do processo (art. 357, §3°, CPC).

Contudo, é importante lembrar que, nos acordos pré-processuais terá maior liberdade negocial, como já explicado, assim, de forma oposta, nos acordos realizados no andamento do processo, essa amplitude negocial será reduzida, ainda mais

129 GAJARDONI, Fernando da Fonseca; DELLORE, Luiz; ROQUE, Andre Vasconcelos; OLIVEIRA JÚNIOR, Zulmar Duarte. **Teoria geral do processo**: comentários ao CPC de 2015. Parte geral. São Paulo: Método, 2015, v. 1, p. 1.245.

130 DIDIER JÚNIOR, Fredie. Negócios jurídicos processuais atípicos no cpc-2015. *In:* CABRAL, Antônio Passo; NOGUEIRA, Pedro Henrique (Coords.). **Negócios processuais.** 3. ed. Salvador: JusPodivm, 2017, p. 113.

dependendo de quando o negócio jurídico processual será formulado, como por exemplo, não tem como convencionar sobre as provas, se o momento probatório já se encerrou.

Conclui assim, que nosso sistema processual, com o artigo 190, ampliou consideravelmente o momento de formação do negócio jurídico processual.

9 APLICABILIDADE DO NEGÓCIO JURÍDICO

De forma bem resumida, como já dito anteriormente, o negócio jurídico processual, típico é aplicado nos casos em que a lei prevê, na realidade, que a lei permite a sua aplicação.

Já nos negócios jurídicos processuais atípicos, a aplicabilidade desses negócios, terão maior abrangência, podendo serem aplicados e tendo validades, desde que respeitem o artigo 104 do Código Civil brasileiro, como já explicado em capítulo próprio, ou seja, tenham agente capaz, objeto lícito, possível, determinado ou determinável e forma prescrita ou não defesa em lei.

Contudo, além dos requisitos do artigo 104 do Código Civil, não podemos esquecer, como também já foi citado, os requisitos específicos existentes no artigo 190 do Código de Processo Civil.

Poderíamos, dessa maneira citar inúmeros exemplos de negócios jurídicos processuais sendo eles atípicos ou típicos, contudo, concordamos com o professor Cassio Scarpinella Bueno[131], que a dificuldade não está em listar exemplos de negocia-

---

131 BUENO, Cassio Scarpinella. **Manual de direito processual civil:**

ção, mas sim de sabermos as suas limitações, senão vejamos:

> A dificuldade reside menos em listar exemplos de negociação processual e mais em saber os limites destes negócios processuais, máxime quando, de acordo com o "modelo constitucional do direito processual civil", as regras relativas ao procedimento são de competência dos Estados, consoante o absolutamente ignorado, inclusive pelo próprio CPC de 2015 como um todo e pelo dispositivo agora em foco, inciso XI do art. 24 da CF.

Dito isso, o professor Cassio Scarpinella, nos deixa claro que, a aplicabilidade do negócio jurídico processual é ampla, então não devemos nos preocupar com isso, desde que o negócio jurídico respeite todos os requisitos, já citados no trabalho, devendo tão somente sabermos os limites dessa negociação.

Além disso, Fredie Didier Jr.[132], nos ensina que: "não possuindo defeito, o juiz não pode recusar aplicação ao negócio processual".

Sobre a aplicação do negócio jurídico processual, Humberto Theodoro Júnior[133], aduz que:

> Entre as hipóteses de útil aplicação do negócio jurídico processual, arrola-se o caso das intervenções atípicas de terceiro, co-

inteiramente estruturado à luz do novo CPC – lei n 13.105, de 16-3-2015. São Paulo: Saraiva, 2015, p. 264-265.

132 DIDIER JÚNIOR, Fredie. **Curso de direito processual civil**: introdução ao direito processual civil, parte geral e processo de conhecimento. 17. ed. Salvador: JusPodivm, 2015,, p. 390.

133 THEODORO JÚNIOR, Humberto. **Curso de direito processual civil**. 56. ed. Rio de Janeiro: Forense, 2015, v. I, p.487.

> mo, por exemplo, a ampliação das hipóteses de assistência e da permissão para denunciação da lide, sucessiva e *per saltum*, que, embora não autorizadas pelo Código, podem ser negociadas entre as partes, maiores e capazes, quando litiguem sobre direitos disponíveis. Afinal, as restrições que nessa matéria existem decorrem da preocupação de não embaraçar o encaminhamento do processo para atingir a solução da demanda formulada pelo autor.

Assim, a aplicação do negócio jurídico é ampla, e como já explanado, devendo atentar aos limites dessa negociação, bem como, nos ater sobre o controle jurisdicional das negociações, fatos esses que estudaremos nos próximos capítulos.

10 LIMITES DO NEGÓCIO JURÍDICO

Como já apontado no capítulo anterior, o grande desafio para a doutrina e para a jurisprudência, com a instituição do novo Código de Processo Civil é a identificação dos limites para esse instituto, que está em grande evidência.

Leonardo Carneiro da Cunha[134], diz que:

> O grande desafio da doutrina, a partir da aprovação do novo CPC brasileiro, será identificar os limites para os negócios jurídicos processuais. Que há negócio não há mais dúvida. O próprio art. 190 do novo CPC deixa claro que há a possibilidade de negociação sobre o procedimento e sobre regras processuais.

Assim, em diversas partes desse estudo, já foi informado que os negócios jurídicos processuais devem ser limitados, sendo que os negócios típicos são limitados pela a própria lei, já os

---

134 CUNHA, Leonardo Carneiro da. Negócios jurídicos processuais no processo civil brasileiro. *In:* CABRAL, Antônio Passo; NOGUEIRA, Pedro Henrique (Coords.). **Negócios processuais**. 3. ed. Salvador: JusPodivm, 2017, p. 71.

atípicos devem ser limitados quando existem vícios que contaminem à negociação.

Ademais, os negócios jurídicos processuais não podem de nenhuma forma, autorregular situações alcançadas pelas normas cogentes, ou ainda, impor regramentos ao juiz, sendo que o que pode ser negociado é tão somente, os poderes, deveres e faculdades das partes, como ressalta Humberto Theodoro Júnior[135], senão vejamos:

> "É evidente que a possibilidade de as partes convencionarem sobre ônus, deveres e faculdades deve limitar-se aos seus poderes processuais, sobre os quais têm disponibilidade, jamais podendo atingir aqueles conferidos ao juiz. Assim, não é dado às partes, por exemplo, vetar a iniciativa de prova do juiz, ou o controle dos pressupostos processuais e das condições da ação, e nem qualquer outra atribuição que envolva matéria de ordem pública inerente à função judicante. Tampouco é de admitir-se que se afastem negocialmente os deveres cuja inobservância represente litigância de má-fé".

Nesse mesmo sentido, Fernando da Fonseca Gajardoni[136], destaca que:

> O artigo 190, *caput*, CPC/2015 (2.ª parte) admite que as partes

---

135 THEODORO JÚNIOR, Humberto. **Curso de direito processual civil**. 56. ed. Rio de Janeiro: Forense, 2015, v. I, p.487, grifo nosso.

136 GAJARDONI, Fernando da Fonseca; DELLORE, Luiz; ROQUE, Andre Vasconcelos; OLIVEIRA JÚNIOR, Zulmar Duarte. **Teoria geral do processo**: comentários ao CPC de 2015. Parte geral. São Paulo: Método, 2015, v. 1, p. 1.245.

deliberem sobre os "seus" ônus, poderes, faculdades e deveres processuais. Eis o limite semântico e lógico da disponibilidade das partes: só podem convencionar sobre as suas situações jurídicas ativas e passivas. Impossível que avancem sobre os poderes, deveres, ônus e faculdades do Estado-Juiz (se é que estas duas últimas situações são existentes).

Dessa maneira, percebe-se que, as partes não podem convencionar sobre os poderes inerentes ao magistrado, como bem destaca o enunciado número 36 da Escola Nacional de Formação e Aperfeiçoamento de Magistrados, senão vejamos:

> Enunciado n. 36: A regra do art. 190 do CPC/2015 não autoriza às partes a celebração de negócios jurídicos processuais que afetem poderes e deveres do juiz, tais como os que: a) limitem seus poderes de instrução ou de sanção à litigância ímproba; b) subtraíam do Estado/juiz o controle da legitimidade das partes ou do ingresso de *amicus curiae*; c) introduzam novas hipóteses de recorribilidade, de rescisória ou de sustentação oral não previstas em lei; d) estipulem o julgamento do conflito com base em lei diversa da nacional vigente; e e) estabeleçam prioridades de julgamento não prevista em lei.

Nessa mesma direção o enunciado número 12 do Fórum Permanente de Processualistas Civis, diz: "Os acordos processuais disciplinados no art. 190 do Novo CPC não poderão restringir os poderes do juiz no processo".

Leonardo Carneiro da Cunha[137], concluí que:

137 CUNHA, Leonardo Carneiro da. Negócios jurídicos processuais no processo civil brasileiro. *In:* CABRAL, Antônio Passo; NOGUEIRA,

> Em outras palavras, não é possível negócio processual que se destine a afastar regra de proteção a direito indisponível. Logo, não parece possível negócio processual que dispense reexame necessário, nas hipóteses em que não há dispensa legal. Também não parece possível negócio jurídico que dispense a intervenção obrigatória do Ministério Público.

Ainda sobre a limitação do negócio jurídico processual, Cassio Scarpinella Bueno[138], nos ensina:

> Para tanto, é mister ter presente o dispositivo no parágrafo único do art. 190, que permite ao magistrado, controlando sua validade, negar aplicação aos negócios processuais em três hipóteses: quando entendê-los inválidos; quando inseridos de forma abusiva em contrato de adesão; ou, ainda, quando alguma parte se encontrar em manifesta situação de vulnerabilidade.

Por fim, existem limites na negociação processual, como já citado no presente capítulo, sendo que esses limites devem ser observados por todos os envolvidos no processo, bem como, caso o negócio jurídico ultrapasse os limites impostos pelo o *códex* processualista civil, ele poderá não ser aceito pelo magistrado, que tem a função de controlar a validade da negociação, observando todos os pontos descritos na limitação contida no parágrafo único do artigo 190 do Novo Código de Processo Ci-

---

Pedro Henrique (Coords.). **Negócios processuais.** 3. ed. Salvador: JusPodivm, 2017, p. 72.

138 BUENO, Cassio Scarpinella. **Manual de direito processual civil:** inteiramente estruturado à luz do novo CPC – lei n 13.105, de 16-3-2015. São Paulo: Saraiva, 2015, p. 265-266.

vil, como estudaremos a seguir.

10.1 Controle de Validade dos Negócios Jurídicos Processuais pelo Magistrado

Como já citado em capítulo específico, o negócio jurídico não depende de ser homologado pelo o juiz, em regra, contudo esse negócio pode ser anulado pelo magistrado, como bem destaca Daniel Amorim Assumpção Neves[139]: "Conforme devidamente analisado, o acordo celebrado pelas partes nos termos do art. 190 do Novo CPC não depende de homologação judicial, mas pode ser anulado por decisão judicial".

Nesse mesmo sentido, Cassio Scarpinella Bueno[140] defende que:

> Ao magistrado cabe, de ofício ou a requerimento, controlar a validade destas convenções – que vêm sendo chamadas de "negócios processuais" -, recusando-lhes aplicação somente nos casos de nulidade, de inserção abusiva em contrato de adesão ou em que alguma parte se encontre em manifesta situação de vulnerabilidade (art. 190, parágrafo único).

No mesmo sentido, Fernando Gajardoni[141] diz que:

---

139 NEVES, Daniel Amorim Assumpção. **Manual de direito processual civil**. 9. ed. Salvador: JusPodivm, 2017, p. 404.

140 BUENO, Cassio Scarpinella. **Manual de direito processual civil**: inteiramente estruturado à luz do novo CPC – lei n 13.105, de 16-3-2015. São Paulo: Saraiva, 2015, p. 265.

141 GAJARDONI, Fernando da Fonseca; DELLORE, Luiz; ROQUE, Andre Vasconcelos; OLIVEIRA JÚNIOR, Zulmar Duarte. **Teoria**

> A convenção prevista no artigo 190 do CPC/2015, uma vez celebrada, obriga as partes e sucessores (Enunciado n.º 115 do FPPC), mas não fica afastado o controle de sua validade pelo juiz. Tão logo ela seja apresentada para cumprimento, o juiz poderá, de ofício ou a requerimento, controlar a sua validade, recusando-lhe aplicação nos casos de: a) nulidade; b) inserção abusiva em contrato de adesão; ou c) em que alguma parte se encontre em manifesta situação de vulnerabilidade.

Dessa maneira, fica mais do que evidente que, a grande maioria dos doutrinadores concordam que cabe ao juiz, no exercício das suas funções de gerenciamento processual, controlar a validade dos negócios jurídicos, como salienta Humberto Theodoro Júnior[142], *in verbis*:

> O juiz, no exercício de sua função de gerenciar o processo, deve, de ofício ou a requerimento, controlar a validade dessas convenções, recusando-lhes aplicação somente nos casos de nulidade ou inserção abusiva em contrato de adesão ou no qual qualquer parte se encontre em manifesta situação de vulnerabilidade (art. 190, parágrafo único).

Por fim, os doutrinadores, seguem de forma literal o disposto no parágrafo único do artigo 190 do Código de Processo Civil de 2015, onde colocam ao magistrado, de ofício ou a requerimento das partes, a função de invalidar os negócios jurídicos processu-

---

geral do processo: comentários ao CPC de 2015. Parte geral. São Paulo: Método, 2015, v. 1, p. 1.255.

142 THEODORO JÚNIOR, Humberto. **Curso de direito processual civil**. 56. ed. Rio de Janeiro: Forense, 2015, v. I, p. 487-488.

ais, conforme os casos descritos na lei, sendo que será estudado a seguir esses casos.

10.1.1 Nulidade

O Negócio Jurídico Processual que não atenda aos requisitos formais gerais do negócio jurídico previsto no artigo 104 do Código Civil – agente capaz, objeto lícito, possível, determinado ou determinável e forma prescrita ou não defesa em lei -, ou os requisitos do artigo 190 do Código de Processo Civil de 2015 – direitos que admitam autocomposição e partes plenamente capazes -, será nulo, como bem destaca Daniel Amorim Assumpção Neves[143]:

> Será nulo o negócio jurídico processual que não atenda aos requisitos formais gerais de negócio jurídico previstos pelo art. 104 do CC ou os requisitos formais específicos previstos no art. 190, *caput*, do Novo CPC.

Nesse mesmo caminho, Fernando da Fonseca Gajardoni[144] aduz que:

> A primeira hipótese de controle é a de nulidade do negócio processual. Não observadas as condições gerais e específicas de validade do negócio (partes plenamente capazes, objeto lícito,

---

143 NEVES, Daniel Amorim Assumpção. **Manual de direito processual civil**. 9. ed. Salvador: JusPodivm, 2017, p. 395.

144 GAJARDONI, Fernando da Fonseca; DELLORE, Luiz; ROQUE, Andre Vasconcelos; OLIVEIRA JÚNIOR, Zulmar Duarte. **Teoria geral do processo**: comentários ao CPC de 2015. Parte geral. São Paulo: Método, 2015, v. 1, p. 1.255.

> forma prescrita ou não proibida em lei, direitos autocomponíveis, convenção sobre situações jurídicas ativas e passivas próprias etc.), o juiz pronunciará a nulidade e recusará a aplicação da convenção.

Para Cassio Scarpinella Bueno[145]: "A primeira situação de invalidade, relaciona-se com o que merece ser chamado de ordem pública processual ou, para quem preferir, de normas cogentes".

Além dos casos citados alhures, o negócio será nulo em razão de vícios sociais e de consentimento, como deixa claro o enunciado número 132 do Fórum Permanente de Processualistas Civis, senão vejamos: "Além dos defeitos processuais, os vícios da vontade e os vícios sociais podem dar ensejo à invalidação dos negócios jurídicos atípicos do art. 190."

Assim, tem que os artigos 166 e 167 do Código Civil, são perfeitamente aplicados ao negócio jurídico processual, limitando a aplicação abusiva do instituto. Com isso, os negócios jurídicos além de nulos, podem ser anuláveis, como aduz Fredie Didier Jr.[146]:

> Além de nulo, o negócio processual pode ser anulável. Vícios de vontade podem contaminar negócios processuais. Convenção processual celebrada após coação ou em erro pode ser anu-

145 BUENO, Cassio Scarpinella. **Manual de direito processual civil**: inteiramente estruturado à luz do novo CPC – lei n 13.105, de 16-3-2015. São Paulo: Saraiva, 2015, p. 266.

146 DIDIER JÚNIOR, Fredie. **Curso de direito processual civil**: introdução ao direito processual civil, parte geral e processo de conhecimento. 17. ed. Salvador: JusPodivm, 2015, p. 390.

lada, por exemplo. A anulação do negócio processual, nesses casos, depende de provocação do interessado (art. 177 do Código Civil).

Dito isso, fica evidente que o negócio jurídico processual, deve respeitar certos balizadores, para não ser invalidado pelo o magistrado, que como já dito, tem o poder de negar a aplicação do negócio jurídico, existindo algum defeito no mesmo. Além do negócio jurídico nulo, existe a possibilidade da não aplicação do negócio jurídico processual em duas outras hipóteses, como destacado adiante.

10.1.2 Inserção Abusiva em Contrato de Adesão

Outra possibilidade da não aplicação do negócio jurídico processual, é a inserção abusiva de negócio jurídico em contrato de adesão, sendo que, essa hipótese é bastante debatida pelos doutrinadores.

Para Fernando da Fonseca Gajardoni[147]:

> Compreende-se que, nos casos de inserção abusiva em contrato de adesão, o aderente teve tolhido o direito de escolha em aceitar ou não a convenção. A nulidade não é automática, e depende da aferição se a inserção foi ou não abusiva.

Cassio Scarpinella Bueno[148], de forma bem resumida, diz que

147 GAJARDONI, Fernando da Fonseca; DELLORE, Luiz; ROQUE, Andre Vasconcelos; OLIVEIRA JÚNIOR, Zulmar Duarte. **Teoria geral do processo**: comentários ao CPC de 2015. Parte geral. São Paulo: Método, 2015, v. 1, p. 1.255.

148 BUENO, Cassio Scarpinella. **Manual de direito processual civil**:

as duas outras hipóteses da não aplicação do negócio jurídico processual, não desperta tantos questionamentos, e de forma conjunta explica as duas outras hipóteses, senão vejamos:

> As duas outras hipóteses em que o magistrado, controlando a validade dos negócios processuais, negará sua aplicação, tal qual prevê o parágrafo único do art. 190, não parecem despertar maiores questionamentos. Para aqueles casos, mesmo supondo que o objeto do negócio processual esteja dentro dos limites possíveis, a circunstância de eles estarem inseridos em contrato de adesão (inesgotáveis fontes de conflito dada a sua própria natureza, máxime em economias massificadas como a atual) ou terem aptidão de gerar situação de desequilíbrio marcante entre as partes envolvidas é fator que, por si só, pode conduzir o magistrado a negar sua aplicação.

Contudo, apesar do doutrinador informar que a cláusula negocial, por estar em contrato de adesão, por si só, já é fator que possa conduzir o magistrado a negar a sua aplicação, ousamos discordar, o que abre o leque de inúmeros questionamentos.

Apesar da natureza do contrato de adesão, e suas inesgotáveis discussões sobre o tema – que não é o ponto do trabalho -, existem doutrinadores que defende a possibilidade sim da colocação da cláusula negocial, nos contratos dessa espécie, dependendo obviamente do caso concreto, e que assim, como já mencionado, abre inúmeros questionamentos sobre o tema.

---

inteiramente estruturado à luz do novo CPC – lei n 13.105, de 16-3-2015. São Paulo: Saraiva, 2015, p. 268.

Daniel Amorim Assumpção Neves[149], explica que não existe uma vedação absoluta para que as partes possam incluir o negócio jurídico processual em um contrato de adesão, senão vejamos:

> Cabe ao juiz invalidar negócio jurídico processual inserido de forma abusiva em contrato de adesão. Como se pode notar da mera leitura do art. 190, parágrafo único, do Novo CPC, não existe uma vedação absoluta para que as partes incluam o negócio jurídico processual em um contrato de adesão, dependendo sua nulidade da existência da abusividade no caso concreto.

Com isso, é certo concluir que cabe ao magistrado a análise do caso concreto a respeito da abusividade da inserção da negociação jurídica processual em contrato de adesão, tendo como balizador de validade, como já estudado, o negócio jurídico que tenham regras isonômicas.

Assim, havendo regras isonômicas, tratando quem elaborou o contrato e quem é aderente ao mesmo, de forma igualitária, mesmo que esse contrato seja de adesão, não estaremos perante um caso de nulidade da clausula negocial, por isso, não podemos concordar que o simples fato do contrato ser de adesão, já geraria a invalidade do negócio jurídico processual, ali existente.

Além disso, Daniel Amorim Assumpção Neves[150], destaca

149 NEVES, Daniel Amorim Assumpção. **Manual de direito processual civil**. 9. ed. Salvador: JusPodivm, 2017, p. 397.

150 NEVES, Daniel Amorim Assumpção. **Manual de direito processual civil**. 9. ed. Salvador: JusPodivm, 2017, p. 397-398.

um importante ponto, qual seja:

> Por outro lado, tenho séria resistência na decretação de nulidade do negócio jurídico processual se ambas as partes o ratificarem de forma expressa no processo. Nesse caso, até mesmo uma eventual hipossuficiência do aderente não poderá ser considerada, porque no processo a parte aderente não é obrigada a aceitar a vontade da parte contrária. Como o juiz é obrigado a ouvir as partes antes de decidir pela anulação do negócio jurídico processual[151], em respeito ao princípio do contraditório previsto nos arts. 9º e 10 do Novo CPC, entendo que havendo expressa reiteração dos termos do acordo em juízo não será caso de anulação.

Assim, concordando com o doutrinador, temos que, se a parte ratificar o acordo processual, inserido no contrato de adesão, perante ao magistrado, não será caso de invalidação desse negócio jurídico processual, uma vez que, a parte aderente, confirmou conhecimento da cláusula e manteve à vontade em continuar a negociação. Diferente seria se o aderente desconhecesse a cláusula e não a reiterasse, de forma expressa, perante ao magistrado.

Fica evidente que, pode sim haver clausula negocial em contratos de adesão, desde que não seja feita de forma abusiva e nem coloque a parte em desvantagem, tendo assim isonomia entre o aderente e quem elaborou o contrato, ficando explicito e cristalino que a situação não é tão simples como apontado por

---

151 Enunciado 259 do FPPC: "A decisão referida no parágrafo único do art. 190 depende de contraditório prévio".

alguns doutrinadores.

Dito isso, finaliza a análise sobre a questão do contrato de adesão, onde restou comprovado que, para haver a invalidade da cláusula negocial é necessário que se tenha abusividade, sendo que isso será analisado pelo magistrado, em cada caso concreto, restando agora, a última hipótese que implica a não aceitação do negócio jurídico processual, hipótese essa que abordaremos no próximo tópico.

10.1.3 Vulnerabilidade

Essa última hipótese da não aplicação do negócio jurídico processual, já foi abordada no capítulo 6.1 e 6.1.1, contudo, será esclarecido um pouco mais a seguir.

Como já adiantado no item anterior, na fala do professor Cassio Scarpinella Bueno, essa última hipótese de não aplicação do negócio jurídico processual, é devido ao desequilíbrio entre as partes, ou seja, a existência de vulnerabilidade.

A vulnerabilidade está diretamente relacionada à capacidade do agente, como bem destacado em capitulo próprio.

Fernando da Fonseca Gajardoni[152], explica que:

> Na mesma toada de vício na manifestação de vontade, também é nula a convenção em que alguma das partes, ao tempo da

152 GAJARDONI, Fernando da Fonseca; DELLORE, Luiz; ROQUE, Andre Vasconcelos; OLIVEIRA JÚNIOR, Zulmar Duarte. **Teoria geral do processo**: comentários ao CPC de 2015. Parte geral. São Paulo: Método, 2015, v. 1, p. 1.255-1.256.

convenção, estivesse em condição de vulnerabilidade. A análise é casuística, mas se pode afirmar que, de fato, há indício de vulnerabilidade quando a parte celebra a convenção sem assistência de advogado (Enunciado n.º 18 do FPPC). Afinal, as convenções sobre processo e procedimento exigem conhecimentos jurídico-processuais, os quais ordinariamente não são possuídos pelos não iniciados nas ciências jurídicas.

Daniel Amorim Assumpção Neves[153], nos ensina que:

> Será nulo o negócio jurídico processual se o juiz entender que uma das partes o celebrou em situação de vulnerabilidade. Como o objeto do acordo celebrado entre as partes tem natureza processual, a vulnerabilidade prevista no art. 190, parágrafo único, do Novo CPC deve ser compreendida como vulnerabilidade processual, que segundo a melhor doutrina decorre de limitação pessoal involuntária de caráter permanente ou provisório, ensejadas por fatores de saúde, de ordem econômica, informacional, técnica ou organizacional.

Possível perceber que, a vulnerabilidade, assim como a inclusão da cláusula negocial no contrato de adesão, deverá ser analisadas no caso concreto, podendo inclusive não ser necessariamente uma causa de nulidade, como explica Daniel Amorim Assumpção Neves[154], *in verbis*:

> O que me parece imprescindível é notar que vulnerabilidade

153 NEVES, Daniel Amorim Assumpção. **Manual de direito processual civil**. 9. ed. Salvador: JusPodivm, 2017, p. 398.

154 NEVES, Daniel Amorim Assumpção. **Manual de direito processual civil**. 9. ed. Salvador: JusPodivm, 2017, p. 398.

> não será necessariamente causa de nulidade do negócio jurídico processual, porque mesmo que improvável, tal acordo pode beneficiar a parte vulnerável, ou, no limite, não lhe trazer prejuízo.

E completa dizendo[155] que:

> Uma parte em difícil situação econômica e que precisa de qualquer forma celebrar um contrato – ainda que não seja de adesão - para se manter, certamente está em situação de vulnerabilidade econômica, e nesse caso o negócio jurídico processual pode ser nulo, desde que seu objeto imponha um sacrifício injustificado à parte vulnerável.

Assim, fica evidente que a vulnerabilidade pode sim anular o negócio jurídico, sendo um limite para a realização desse, contudo, essa vulnerabilidade deverá ser analisada em cada caso concreto, podendo validar os negócios até mesmo em contrato de adesão, conforme já explanado anteriormente.

Novamente ressalta-se que não existe necessidade da presença do advogado para a realização da negociação jurídica processual – vide capítulo 6.1.1 -, contudo essa ausência do causídico poderá ensejar a invalidade, devido a vulnerabilidade, uma vez que as partes podem não deter o conhecimento técnico para a formulação do negócio, por isso, para se evitar o indício dessa vulnerabilidade é aconselhado a presença do advogado, o que poderá trazer um equilíbrio na relação, ou seja, a isonomia entre

---

155 NEVES, Daniel Amorim Assumpção. **Manual de direito processual civil**. 9. ed. Salvador: JusPodivm, 2017, p. 398.

as partes.

Por fim, como já visualizado também, o magistrado tem o poder, de ofício ou a requerimento dos envolvidos, de decretar a não utilização do negócio jurídico processual, devido aos defeitos ou vícios apresentados no negócio, como já analisado anteriormente, decretando assim a sua decisão pela a dispensa do instituto, conforme veremos no próximo capitulo.

10.1.4 Defeitos do negócio jurídico processual

Há situações em que o negócio jurídico esteja evitado de um ou mais vícios. É quando ocorrem os chamados defeitos do negócio jurídico.

Os defeitos do negócio jurídico podem ser vícios de consentimento (também chamados "vícios de vontade") ou vícios sociais.

São vícios de consentimento aqueles defeitos em que a declaração de vontade não corresponde com a vontade real do declarante. É dizer, há vício na manifestação de vontade, com divergência entre a vontade expressa e o verdadeiro desejo. Entram nessa categoria o erro, o dolo, a coação, a lesão e o estado de perigo.

Por outro lado, nos vícios sociais, muito embora a vontade declarada corresponda à real intenção do declarante, há o animus de prejudicar um terceiro ou de burlar a lei, razão pela qual o vício é externo, de alcance social. É o caso da fraude contra credores.

Nos termos dos incisos I e II do art. 178, do CC, o prazo decadencial[156] para pleitear a anulação de negócio jurídico defeituoso é de quatro anos. No caso de coação, esse prazo é contado a partir do dia em que a coação cessar. Nos demais casos, será contado da data em que o negócio jurídico foi celebrado.

Passa-se, agora, ao estudo de cada um dos defeitos do negócio jurídico.

10.1.3.1 Do erro ou ignorância

Entende-se que "quando o agente por desconhecimento ou falso conhecimento das circunstâncias age de um modo que não seria a sua vontade, se conhecesse a verdadeira situação, diz-se que procede em erro"[157]. É dizer, "o erro é o estado da mente que, por defeito do conhecimento do verdadeiro estado das coisas, impede uma real manifestação da vontade"[158].

Ora, se uma manifestação de vontade motivada por erro ou ignorância não é real, não há, em tese, que se falar em negócio jurídico. Contudo, nem sempre o erro é causa de anulabilidade de negócio jurídico. Para o ser, ele precisa ser essencial e real.

O erro será considerado essencial quando recair sobre as circunstância e aspectos principais (mais relevantes) do negócio

156 O prazo é decadencial porque a ação anulatória possui natureza constitutiva negativa, também chamada "desconstitutiva".

157 PEREIRA, Caio Mário da Silva. **Instituições de direito civil**. 20. ed. Rio de Janeiro: Forense, 2004, v. I, p. 326.

158 DINIZ, Maria Helena. **Curso de direito civil brasileiro**. 18. ed. São Paulo: Saraiva, 2002, v. I, p. 383.

jurídico. Deve constituir a causa determinante do ato. Ou seja, se o declarante tivesse conhecimento da realidade dos fatos, não teria celebrado o negócio.

O art. 139 do Código Civil traz as diferentes feições que podem ser assumidas pelo erro essencial:

Primeiramente, ele pode ser *error in negotio* quando é erro sobre a natureza do negócio, como numa situação em que se acredita estar realizando um contrato de compra e venda, mas, na verdade, se está celebrando um contrato de doação.

Também pode ocorrer o *error in corpore* quando o erro for sobre o objeto principal da declaração, como quando o sujeito acredita estar adquirindo um tênis original, mas, na verdade, está adquirindo uma réplica.

Há, ainda, o *error in persona*, que faz referência às qualidades essenciais ou à identidade da pessoa, quando, por exemplo, se faz testamento para pessoa que se acredita ser filho do testador, mas, em realidade, não é.

Por fim, existe o *error in quantitate*, também concernente ao objeto do negócio jurídico, como ocorre, por exemplo, quando o sujeito adquire uma coleção que contém 50 peças, quando, na verdade, deveria conter 60.

Além de essencial, o erro, conforme dito alhures, precisa ser real. É dizer, o erro precisa produzir um prejuízo ao interessado.

10.1.3.2 Do dolo

Ao passo em que, na situação de erro, uma das partes possui

falsa impressão sobre a situação fática do negócio jurídico, em situação de dolo, o vício advém do fato de que um dos negociantes é, na verdade, induzido, mediante ardil, a cometer o equívoco.

É dizer, em matéria de negócio jurídico, o dolo é qualquer artifício que uma das partes - ou, ainda, um terceiro - pode empregar para induzir alguém a celebrar o negócio jurídico.

Diferentemente da situação de erro, não há a necessidade de o dolo levar a prejuízo. Basta a existência do ardil e que este tenha levado o contratante a celebrar negócio jurídico que, em situações normais, este não celebraria.

De toda forma, assim como ocorre na situação de erro, o dolo precisa ser principal ou essencial, ou seja ele deve ser elemento necessário para a realização do negócio (causa determinante). Assim, se não fosse o dolo, o contratante não celebraria o negócio, ou seja, foi o dolo que levou à declaração de vontade.

Por outro lado, se o dolo não foi determinante para que a parte celebrasse o negócio, ocorre situação de *dolus incidens*, ou dolo incidental. Conforme art. 146 do Código Civil, o dolo incidental não serve para a anulação do negócio, apenas obrigando à satisfação das perdas e danos.

Recapitulando: o dolo essencial pode levar à anulação do negócio. O dolo incidental, apenas à possibilidade de indenização por perdas e danos.

Ademais, distingue-se, também, o *dolus bonus* e o *dolus malus*. O *dolus malus* é aquele em que existe a vontade de iludir a parte para que esta manifeste sua vontade viciada, ou seja, existe prejuízo à parte.

O *dolus malus* tem o condão de viciar o negócio jurídico e, portanto, de servir de base para sua anulação.

Por outro lado, o *dolus bonus*, que é aquele em que uma das partes pratica alguns exageros (por exemplo, corretor de imóveis que afirma que determinado apartamento é o "melhor da região"). É um dolo que se reputa "inocente" e, portanto, não macula o negócio jurídico. Por mais que exista uma certa malícia por parte de um dos contratantes, é uma malícia tolerada pela sociedade.

Como critério para diferenciar, na prática, o *dolus bonus* do *dolus malus*, deve-se usar o princípio da boa-fé objetiva, que deve servir sempre como norte para esse tipo de querela.

Além disso, o art. 148 do Código Civil reconhece o dolo de terceiro e, para anular negócio por dolo de terceiro, a parte a quem aproveite o dolo deve ter – ou, pelo menos, deveria ter – conhecimento da situação de dolo. De toda forma, ainda que não se possa anular o negócio, a parte ludibriada tem direito de receber as perdas e danos do terceiro.

Por fim, insta lembrar que, com fulcro no art. 150 do códex, se ambas as partes agirem com dolo, o negócio jurídico não será anulado: *nemo auditur propriam turpitudinem allegans* (ninguém pode alegar a própria torpeza).

10.3.1.3 Da coação

Entende-se por coação toda pressão exercida contra outrem para que se celebre determinado negócio jurídico, seja essa pressão física (*vis absoluta*) ou moral (*vis compulsiva*).

Na *vis absoluta*, a pressão pode literalmente tolher os movimentos da parte, anulando sua vontade. É o caso, por exemplo, da pessoa que é forçada, mediante violência a entregar um *token* de certificado de assinatura digital para celebrar acordo em um processo judicial eletrônico. Aqui, o negócio jurídico é inexistente, posto que não existe declaração real de vontade.

Na *vis compulsiva*, existe ameaça séria e idônea de se provocar dano material ou moral ao contratante se este não realizar o negócio jurídico. É o caso da ex-esposa que ameaça a família do ex-marido se este não lhe pagar uma pensão alta e abusiva. Aqui, o negócio jurídico é anulável, pois houve um vício na declaração de vontade, decorrente da coação sofrida, mas não foi totalmente tolhida a liberdade de contratar.

Importante ressaltar que, conforme preconiza o art. 153 do Código Civil, o negócio jurídico não poderá ser anulado se a coação for ameaça de exercício regular de direito, caso este não esteja sendo exercido abusivamente ou se houver constrangimento da parte contrária (*e.g.*, credor que ameaça protestar título se a dívida não for paga), nem em situação de temor reverencial, como quando o filho empresta seu carro ao pai com medo de chateá-lo se não o fizer.

Como acontece no dolo, a coação praticada por terceiro vicia o negócio jurídico se a parte a quem esta aproveite tivesse ou devesse ter conhecimento da coação. Caso a coação seja praticada à revelia da parte a quem esta aproveita, o negócio jurídico subsistirá, mas o terceiro coator responderá pelas perdas e danos.

10.3.1.4 Da lesão

O instituto da lesão não apareceu no Código Civil de 1916, mas apenas na Lei de Economia Popular (Lei nº 1521/51), que dispunha, em seu art. 4º, que

> Constitui crime da mesma natureza a usura pecuniária ou real, assim se considerando: (...) b) obter, ou estipular, em qualquer contrato, abusando da premente necessidade, inexperiência ou leviandade de outra parte, lucro patrimonial que exceda o quinto do valor corrente ou justo da prestação feita ou prometida. Pena – detenção, de 6 (seis) meses a 2 (dois) anos, e multa, de cinco mil a vinte mil cruzeiros.

Posteriormente, apareceu no Código de Defesa do Consumidor, que, em seus arts. 6º, V, 39, V, e 51, IV, reputa nulas de pleno direito as cláusulas abusivas, obstando a prática de lesão em contratos de consumo.

O Código Civil de 2002 trouxe o instituto da Lesão como defeito do negócio jurídico.

São quatro as espécies de lesão.

A primeira é a lesão enorme ou lesão propriamente dita, que é o excesso nas vantagens e desvantagens na sinalagma contratual, que é um defeito exclusivamente objetivo do negócio jurídico. É o caso, por exemplo, de um contrato de compra e venda em que há desproporção superior à metade do preço justo.

A segunda é a lesão usurária ou usura real, contemplada na supracitada Lei de Economia Popular. Além do requisito objetivo, há outros dois, estes de ordem subjetiva: estado de necessidade, inexperiência ou leviandade da parte que declara a vontade de celebrar o negócio jurídico; e a consciência da parte que causa a lesão, ou seja, o dolo de aproveitamento.

Na lesão especial, contemplada no art. 157 do Código Civil de 2002, temos que não basta a desproporção entre as prestações (elemento objetivo), mas se exige requisitos subjetivos. Distingue-se da lesão usurária porque imprescinde de dolo de aproveitamento da parte beneficiada. Aqui, não há necessidade que a parte beneficiada esteja buscando o ilícito.

Por fim, a lesão consumerista, tipificada no Código de Defesa do Consumidor, caracteriza pelo simples elemento objetivo, prescindindo da perquirição subjetiva. Porém, diferentemente da lesão enorme, não há tarifamento de desproporção entre as prestações, devendo o magistrado, caso a caso, analisar a ocorrência da lesão.

10.3.1.5 Do estado de perigo

Assim como a lesão, o instituto do estado de perigo estava ausente da codificação civil de 1916, aparecendo apenas no art. 156 do Código Civil de 2002, *verbis*: Configura-se o estado de perigo quando alguém, premido da necessidade de salvar-se, ou a pessoa de sua família, de grave dano conhecido pela outra parte, assume obrigação excessivamente onerosa.

Ademais, o parágrafo único do mesmo diploma legal preconiza: "tratando-se de pessoa não pertencente à família do declarante, o juiz decidirá segundo as circunstâncias".

É como se se estivesse projetando o instituto de estado de necessidade do Direito Penal no códex civil. Aqui, o declarante assume comportamento negocial extremamente oneroso, o qual não teria, salvo para livrar a si mesmo ou a pessoa a quem tenha vínculo intenso, de dano patrimonial ou extrapatrimonial grave.

Vários são os possíveis exemplos. Trazendo para o tema do presente trabalho, um exemplo de estado de perigo em negócio jurídico processual ocorre quando uma das partes tem crédito judicial a receber no valor de R$100.000,00 (cem mil reais), por exemplo, mas aceita receber R$10.000,00 (dez mil reais) à vista, renunciando ao direito ao cumprimento de sentença, pois precisa urgentemente do dinheiro para pagar tratamento de saúde próprio ou de seus filhos, por exemplo, não podendo esperar a devida execução.

Dois são os requisitos do estado de perigo: um de ordem subjetiva e outro de ordem objetiva.

O de ordem objetiva consiste na assunção de obrigação excessivamente onerosa para salvar de grave ameaça a si ou pessoa a quem o declarante se liga afetivamente.

Os de ordem subjetiva são, na verdade, dois: as condições de inferioridade em que a vítima se encontrava quando da declaração, estando ciente da situação de perigo; e o dolo de aproveitamento da outra parte, que se vale do estado de inferioridade da vítima.

10.3.1.6 Da fraude contra credores

Esse instituto nos parece menos importante à presente pesquisa, posto que, aparentemente, não encontramos aplicabilidade deste defeito do negócio jurídico aos negócios processuais.

Contudo, como estamos falando de defeitos do negócio jurídico no direito material, seria erro metodológico crasso deixar de citar a fraude contra credores, também conhecida como fraude pauliana.

O instituto se trata de vício social, em que o devedor pratica ato de disposição patrimonial para prejudicar seu credor, provocando esvaziamento ou esgotamento patrimonial próprio, impedindo a execução do crédito.

É assim porque, no direito brasileiro, vigora o princípio da responsabilidade patrimonial do devedor, o qual responde pelas suas dívidas com seu patrimônio (presente e futuro), não com sua personalidade.

Assim, é o patrimônio do sujeito que se encontra sujeitado às medidas executivas para cumprir a vontade concreta do direito material, mesmo porque é no patrimônio do devedor que se encontra a garantia de que o credor terá seu crédito satisfeito.

Sendo assim, o negócio jurídico praticado mediante fraude contra credores (por exemplo, doação de patrimônio para evitar a penhora) pode ser desfeito mediante ação especial denominada "ação pauliana".

10.1.4 Revogabilidade

Um importante questionamento é sobre a revogabilidade do negócio jurídico processual, sendo que como visto, esse negócio somente ocorre por conta da vontade da parte, e se tratando de negócios bilaterais, somente ocorrerão se as partes estiverem de acordo com a negociação, como já explicado.

Dessa maneira, será que é possível revogar o acordo já realizado?

Fredie Didier Jr.[159], nos ensina que:

> Aplica-se aos negócios processuais bilaterais, ainda, a regra da irrevogabilidade da declaração de vontade. Salvo previsão legal ou negocial expressa, o negócio processual atípico celebrado com base no art. 190 do CPC é irrevogável.

Assim, tem que o negócio jurídico processual atípico e bilateral, segue a regra da irrevogabilidade, como destacou o professor.

Contudo, Fredie Didier Jr[160] complementa dizendo que:

> Obviamente, é possível o distrato processual, pois as mesmas vontades que geraram o negócio são aptas a desfazê-lo. Mas se o negócio processual for do tipo que precisa de homologação judicial para produzir efeitos, o respectivo distrato também dependerá dessa homologação.

Essa conclusão do professor, de que "as vontades que geram

159 DIDIER JÚNIOR, Fredie. Negócios jurídicos processuais atípicos no cpc-2015. *In:* CABRAL, Antônio Passo; NOGUEIRA, Pedro Henrique (Coords.). **Negócios processuais**. 3. ed. Salvador: JusPodivm, 2017, p. 121.

160 DIDIER JÚNIOR, Fredie. Negócios jurídicos processuais atípicos no cpc-2015. *In:* CABRAL, Antônio Passo; NOGUEIRA, Pedro Henrique (Coords.). **Negócios processuais**. 3. ed. Salvador: JusPodivm, 2017, p. 121.

os negócios são aptas a desfazê-los", é a mesma conclusão que o fórum permanente de processualistas civis teve, ao editar o enunciado número 411[161], bem como da necessidade da sua homologação em certas circunstâncias, conforme o enunciado número 495[162].

Assim, evidente que o negócio jurídico, poderá ser desfeito, levando em conta o que bem explicou Fredie Didier Jr., interpretando os enunciados do Fórum Permanente de Processualistas Civis (FPPC), e assim concluindo a possibilidade do distrato do negócio jurídico processual, como em todo outro negócio jurídico.

10.1.5 Formas de impugnação do negócio jurídico processual

Estuda-se, a partir daqui, as formas de impugnação do negócio jurídico processual defeituoso.

10.1.5.1 Ação incidental

Conforme dito alhures, controla-se a validade e eficácia do negócio jurídico processual por meio do órgão jurisdicional. Tal controle será feito de ofício pelo juiz ou a requerimento da parte, ou do Ministério Público como fiscal da lei.

O controle se dará de maneira incidental no processo em que o conteúdo do negócio for apresentado ao Judiciário. É dizer, o

161 Enunciado 411 do FPPC: "O negócio processual pode ser distratado".

162 Enunciado 495 do FPPC: "O distrato do negócio processual homologado por exigência legal depende de homologação".

processo principal é o litígio em si, ao passo que o processo incidental é a querela acerca da validade da cláusula de negócio jurídico processual, o qual se denomina "incidente de negócio processual".

Aparentemente, o juiz não precisa examinar a integralidade do negócio para procurar nulidades, tendo em vista a necessidade de primar pela celeridade. O controle se adequará à fase processual. Ressalta-se que não há preclusão sobre a matéria.

Em sede de recurso, caso haja alguma estipulação sobre "recursos" no negócio jurídico processual, parece-nos que o controle será feito pelo relator, cuja decisão será revista pelo órgão colegiado.

Por outro lado, não parece haver interesse processual uma pendenga cuja discussão seja apenas uma cláusula de negócio processual, pois esta só teria reflexos no mundo jurídico na medida em que houvesse a propositura de litígio sobre o contrato com cláusula de negócio jurídico processual.

Havendo mais de uma parte na relação jurídica, se se reconhece a invalidade a pedido de um dos contratantes, tal reconhecimento terá efeitos perante todos, cabendo a utilização do julgamento desse incidente em outras demandas. Isso se dá com vistas a impedir o aparecimento de decisões conflitantes, bem como promover a celeridade.

10.1.5.2 Ação anulatória e ação rescisória

Nesse ponto, pergunta-se: se o negócio jurídico processual for realizado ao longo da marcha processual (por exemplo, a renúncia ao prazo recursal, ou a inversão voluntária do ônus da prova), a decisão judicial de homologação que atribui eficácia ao acordo poderá ser impugnada? Como?

Conforme entendimento do Superior Tribunal de Justiça, em se tratando de decisão que homologa acordo judicial, deve-se levar em conta o conteúdo da sentença homologatória.

É dizer, caso a decisão se limite a homologar o acordo, sem decidir nada acerca dos termos do pactuado, cabe a ação anulatória, pois o ato judicial a ser desconstituído limitou-se a referendar a manifestação da vontade das partes.

Não obstante, caso o magistrado decida sobre o mérito do acordo, configura-se juízo de mérito, razão pela qual eventual desconstituição ensejará o ajuizamento de ação rescisória.

Tudo isso nos termos do informativo n. 513 do STJ, na seguinte decisão:

> DIREITO PROCESSUAL CIVIL. AÇÃO ANULATÓRIA. DE SENTENÇA QUE HOMOLOGA TRANSAÇÃO. Os efeitos da transação podem ser afastados mediante ação anulatória sempre que o negócio jurídico tiver sido objeto de sentença meramente homologatória. Se a sentença não dispõe nada a respeito do conteúdo da pactuação, não avançando para além da mera homologação, a ação anulatória prevista no art. 486 do CPC é adequada à desconstituição do acordo homologado. (AgRg noREsp 1.314.900-CE, Rel. Min. Luis Felipe Salomão, julgado em 18/12/2012).

Contudo, a distinção quanto à existência ou não de "efetiva análise" do juiz é tarefa difícil.

Prova disso é o fato de que, no julgado alhures, não se conheceu do recurso interposto pelo autor da ação anulatória, pois teria havido deliberação do juiz acerca de acordo em processo anterior, cuja sentença de homologação a parte tentava desconstituir.

Assim, a decisão judicial foi "meramente" homologatória, tendo, inclusive, havido interposição de recurso pelas partes em face da decisão de homologação, exatamente porque esta adentrou no mérito do acordo – o que ensejaria ação rescisória.

De toda maneira, seguindo o entendimento do STJ, com vistas à identificação do cabimento das ações anulatória e rescisória, há que se verificar se houve ou não a análise do mérito por parte da jurisdição estatal.

Tendo havido decisão de mérito para dirimir a controvérsia, deverá ser ajuizada ação rescisória para desconstituir a sentença. Contudo, se a querela foi resolvida por intermédio da transação entre as partes, limitando-se o magistrado a homologar o negócio jurídico por intermédio da verificação da regularidade formal do ato, caso a parte almeje impugnar a decisão, aparentemente, deverá ajuizar ação anulatória.

A grande dificuldade, portanto, é enxergar uma análise de mérito na decisão homologatória.

11 DECISÃO QUE DECRETA A INVALIDADE DO NEGÓCIO JURÍDICO PROCESSUAL

Como já analisado no capítulo 4 do presente trabalho, a regra é a de que não se tem necessidade de homologação do negócio jurídico processual, contudo, o juiz poderá recusar a sua aplicação, caso tenha defeitos/vícios no negócio, como também já explicado.

Nessa mesma senda, Fredie Didier Jr.[163] diz que: "A regra é a seguinte: não possuindo defeito, o juiz não pode recusar aplicação ao negócio processual".

Contudo, caso exista algum vício/defeito no negócio jurídico, cabe ao magistrado de ofício ou a requerimento da parte (inclusive cabe também ao Ministério Público esse poder/dever), invalidar o negócio, ou seja, recusar a sua aplicabilidade, como tam-

---

163 DIDIER JÚNIOR, Fredie. Negócios jurídicos processuais atípicos no cpc-2015. *In:* CABRAL, Antônio Passo; NOGUEIRA, Pedro Henrique (Coords.). **Negócios processuais**. 3. ed. Salvador: JusPodivm, 2017, p. 120.

bém já abordado no presente trabalho.

Sobre o assunto, Daniel Amorim Assumpção Neves[164], ressalta que: "Conforme devidamente analisado, o acordo celebrado pelas partes nos termos do art. 190 do Novo CPC não depende de homologação judicial, mas pode ser anulado por decisão judicial".

Assim, o grande debate da doutrina é, qual o recurso cabível no caso em que o magistrado não homologar ou recusar a aplicação do negócio jurídico processual?

Para Fredie Didier Jr.[165], é necessário a interpretação extensiva do artigo 1.015, inciso III do Novo Código de Processo Civil, senão vejamos:

> A princípio, a decisão do juiz que não homologa ou que recusa aplicação a negócio jurídico processual não pode ser impugnada por agravo de instrumento. Sucede que o inciso III do art. 1.015 prevê o cabimento de agravo de instrumento contra decisão que rejeita a alegação de convenção de arbitragem. Essa decisão pode significar recusa de aplicação de uma convenção processual, que é a convenção de arbitragem. Parece ser possível, por isso, extrair, a partir desse caso, por analogia, a recorribilidade por agravo de instrumento da decisão interlocutória

---

164 NEVES, Daniel Amorim Assumpção. **Manual de direito processual civil**. 9. ed. Salvador: JusPodivm, 2017, p. 404.

165 DIDIER JÚNIOR, Fredie. Negócios jurídicos processuais atípicos no cpc-2015. *In:* CABRAL, Antônio Passo; NOGUEIRA, Pedro Henrique (Coords.). **Negócios processuais**. 3. ed. Salvador: JusPodivm, 2017, p. 120-121.

> que não homologue ou recuse eficácia a um negócio processual.

E completa dizendo[166]:

> O rol das hipóteses de agravo de instrumento, embora taxativo, pode ser interpretado por analogia. Imagine o absurdo da interpretação em sentido contrário: o juiz não homologa a desistência e o ato não pode ser recorrido imediatamente; o processo prosseguiria contra a vontade do autor.

Para o doutrinador, as partes não podem de nenhuma maneira sofrerem prejuízos em relação a não possibilidade de recorrer imediatamente da decisão do magistrado que não homologou ou que não aplicou o negócio jurídico processual, pelo simples fato do rol do artigo 1.015 do Código de processo Civil de 2015, ser taxativo e não possuir a previsão de agravo de instrumento para essa decisão do magistrado.

Cabendo assim, a interpretação extensiva do artigo, ou como denomina Fredie Didier Jr., interpretação por analogia, ampliando o rol do já mencionado artigo.

Contudo, Fredie Didier Jr., somente descreveu o grande debate doutrinado sobre a decisão que não homologa ou anula o negócio jurídico processual, num primeiro momento, sendo que existe a possibilidade de que esse negócio seja anulado em capí-

---

166 DIDIER JÚNIOR, Fredie. Negócios jurídicos processuais atípicos no cpc-2015. *In:* CABRAL, Antônio Passo; NOGUEIRA, Pedro Henrique (Coords.). **Negócios processuais**. 3. ed. Salvador: JusPodivm, 2017, p. 121.

tulo específico da sentença.

Caso ocorra essa anulação do negócio jurídico processual na sentença, não resta dúvida que o recurso cabível é o recurso de apelação, como bem destaca Daniel Amorim Assumpção Neves[167]: "Apesar de bastante improvável, o acordo pode ser anulado em capítulo de sentença, quando não haverá dúvida a respeito do cabimento da apelação".

Contudo, como observa o doutrinador, é muito improvável a situação de que o acordo seja anulado em capítulo de sentença, sendo mais comum, a decretação de nulidade por decisão interlocutória, o que faz surgir o grande debate doutrinário, como apontado alhures.

Discordando de Fredie Didier Jr., Daniel Amorim Assumpção Neves[168], descarta a possibilidade de agravo de instrumento, e ainda critica a limitação da aplicação desse recurso no novo código de processo civil, *in verbis*:

> Não concordo com a corrente doutrinária que defende o cabimento de agravo de instrumento contra essa decisão interlocutória por interpretação extensiva do art. 1.015, III do Novo CPC, que prevê a recorribilidade da decisão interlocutória que rejeita a alegação de convenção de arbitragem. Ainda que o negócio jurídico processual previsto no art. 190 do Novo CPC decorra da vontade das partes da mesma forma que a convenção

167 NEVES, Daniel Amorim Assumpção. **Manual de direito processual civil**. 9. ed. Salvador: JusPodivm, 2017, p. 404.

168 NEVES, Daniel Amorim Assumpção. **Manual de direito processual civil**. 9. ed. Salvador: JusPodivm, 2017, p. 404-405.

de arbitragem, o objeto de ambas é distinto o suficiente para não permitir a interpretação extensiva. [...] limitar o cabimento do agravo de instrumento foi um dos maiores erros do Novo Código de Processo Civil, mas as interpretações que visam aumentar as hipóteses de cabimento de tal recurso devem ser realizadas de maneira cuidadosa e razoável".

E completa[169]:

> Descartando o cabimento de agravo de instrumento contra a decisão interlocutória que anula o negócio jurídico processual celebrado entre as partes, a recorribilidade seguirá a regra do art. 1.009, §1º, do Novo CPC: apelação ou contrarrazões. Trata-se de mais uma hipótese de nítida inutilidade do recurso previsto em lei, já que após a prolação da sentença todo o procedimento já terá se desenvolvido em desrespeito ao acordo de vontade das partes. Sendo o recurso previsto em lei incapaz de reverter a sucumbência experimentada pela parte, será cabível o mandado de segurança contra tal decisão.

Assim, fica cristalino que para o autor, a interpretação extensiva ou por analogia do inciso III do artigo 1.015 do Novo Código de Processo Civil, não é a melhor opção para acabar com a controvérsia, mas também as partes não podem sofrer prejuízos, em desrespeito ao acordo de vontade das partes, cabendo assim o mandado de segurança.

Contudo, apesar da crítica bem construída do Daniel Amorim Assumpção Neves, concorda-se em parte com o autor, no

169 NEVES, Daniel Amorim Assumpção. **Manual de direito processual civil**. 9. ed. Salvador: JusPodivm, 2017, p. 405.

ponto de vista que a limitação do rol do artigo 1.015 do Novo *códex* processual civilista, não foi muito feliz, mas, discordamos do ponto de vista do mandato de segurança, e nesse aspecto concordamos com Fredie Didier Jr., de que devemos sim ter uma análise extensiva do rol do artigo 1.015 do Código de Processo Civil de 2015, e por analogia ao inciso III, devemos aplicar o agravo de instrumento como recurso cabível à não homologação ou anulação do negócio jurídico processual, por decisão interlocutória.

Dessa maneira, se tem uma maior segurança jurídica, e não colocar-se-ia os direitos das partes em risco, facilitando assim o acesso as garantias fundamentais, bem como, garantindo o respeito ao instituto da negociação processual civil.

Essa é uma questão que ainda não está pacificada na doutrina, como salientado anteriormente, nem mesmo pelos tribunais brasileiros, assim, espera-se que as orientações jurisprudenciais possam resolver a situação, não causando prejuízos aos jurisdicionados.

Contudo, apesar da não pacificação doutrinária sobre o tema, o STJ em decisão aos REsp 1.696.396 e REsp 1.704.520, sob a relatoria da Ministra Nancy Andrighi, ficou decidido que, "o rol do art. 1.015 do CPC é de taxatividade mitigada[170]", ou seja,

170 STJ. RECURSO ESPECIAL: REsp 1696396 / MT (2017/0226287-4). Relatora: Ministra Nancy Andrighi. DJe: 19/12/2018. STJ, 2018. Disponível em: https://ww2.stj.jus.br/processo/revista/documento/mediado/?componente=ATC&sequencial=90981665&num_registro=201702719246&

"admite a interposição de agravo de instrumento quando verificada a urgência decorrente da inutilidade do julgamento da questão no recurso de apelação.[171]".

Com isso, fica evidente que o doutrinador Daniel Amorim estava correto em dizer que inviável seria a interpretação extensiva do rol do artigo 1.015 no NCPC, como é evidenciado na ementa do acordão[172], *in verbis:*

4 - A tese de que o rol do art. 1.015 do CPC seria taxativo, mas admitiria interpretações extensivas ou analógicas, mostrase igualmente ineficaz para a conferir ao referido dispositivo uma interpretação em sintonia com as normas fundamentais do processo civil, seja porque ainda remanescerão hipóteses em que não será possível extrair o cabimento do agravo das situações enunciadas no rol, seja porque o uso da interpretação extensiva

---

data=20181219&tipo=5&formato=PDF>. Acesso em: 08 jan. 2019.

171 STJ. RECURSO ESPECIAL: REsp 1696396 / MT (2017/0226287-4). Relatora: Ministra Nancy Andrighi. DJe: 19/12/2018. STJ, 2018. Disponível em: https://ww2.stj.jus.br/processo/revista/documento/mediado/?componente=ATC&sequencial=90981665&num_registro=201702719246&data=20181219&tipo=5&formato=PDF>. Acesso em: 08 jan. 2019.

172 STJ. RECURSO ESPECIAL: REsp 1696396 / MT (2017/0226287-4). Relatora: Ministra Nancy Andrighi. DJe: 19/12/2018. STJ, 2018. Disponível em: https://ww2.stj.jus.br/processo/revista/documento/mediado/?componente=ATC&sequencial=90981665&num_registro=201702719246&data=20181219&tipo=5&formato=PDF>. Acesso em: 08 jan. 2019.

ou da analogia pode desnaturar a essência de institutos ontologicamente distintos.

Dessa maneira, colocando fim a celeuma apresentada, e em tempo, a solução encontrada pela a corte foi da taxatividade mitigada, como já apresentado anteriormente.

Por fim, caso a parte consiga comprovar a urgência decorrente da inutilidade do julgamento da questão no recurso da apelação, principalmente pelo prejuízo ocasionado pela anulação ou não aplicação do negócio jurídico processual, o agravo de instrumento é aplicável, segundo o entendimento recente do Superior Tribunal de Justiça (STJ).

12 DESCUMPRIMENTO DO NEGÓCIO JURÍDICO PROCESSUAL BILATERAL ATÍPICO PELAS PARTES

Havendo a recusa da aplicação do negócio jurídico processual atípico, já ficou evidenciado no capítulo anterior que caberá as partes recorrerem da decisão. Contudo, caso não seja a aplicação dessa negociação recusada pelo o magistrado, as partes e o Estado devem cumprir a negociação, como explica Fernando da Fonseca Gajardoni[173]:

> Não recusada a aplicação da convenção pelo juiz, na forma do artigo 190, parágrafo único, do CPC/2015, deve ela ser cumprida pelas partes e pelo Estado. Cumprimento esse que, inclusive, pode ser incentivado mediante a fixação, na própria convenção, de outros deveres e sanções para os casos de descumpri-

---

173 GAJARDONI, Fernando da Fonseca; DELLORE, Luiz; ROQUE, Andre Vasconcelos; OLIVEIRA JÚNIOR, Zulmar Duarte. **Teoria geral do processo**: comentários ao CPC de 2015. Parte geral. São Paulo: Método, 2015, v. 1, p. 1.256.

mento pelas partes, como multas, presunções etc.

Com isso, fica evidente que a parte deverá cumprir o negócio por ele acordado, ademais, conforme citado pelo doutrinador, pode as partes negociarem sanções para o caso de descumprimento do negócio jurídico processual, no mesmo sentido é o enunciado número 17 do Fórum Permanente dos Processualistas Civis[174], além das outras sanções previstas na legislação.

Contudo, havendo o descumprimento do negócio processual civil, caberá a parte, alegar o descumprimento, sob pena de haver novação tácita do negócio, como explica Fredie Didier Jr.[175]:

> O inadimplemento da prestação de um negócio processual celebrado pelas partes é fato que tem de ser alegado pela parte adversária; caso não o faça no primeiro momento que lhe couber falar, considera-se que houve novação tácita e, assim, preclusão do direito de alegar o inadimplemento. Não pode o juiz de ofício, conhecer do inadimplemento do negócio processual, salvo se houver expressa autorização negocial (no próprio negócio as partes aceitam o conhecimento de ofício do inadimplemento) ou legislativa nesse sentido.

Esse é também o entendimento do Fórum Permanente dos

---

174 Enunciado 495 do FPPC: "As partes podem, no negócio processual, estabelecer outros deveres e sanções para o caso do descumprimento da convenção".

175 DIDIER JÚNIOR, Fredie. Negócios jurídicos processuais atípicos no cpc-2015. *In:* CABRAL, Antônio Passo; NOGUEIRA, Pedro Henrique (Coords.). **Negócios processuais.** 3. ed. Salvador: JusPodivm, 2017, p. 120-122.

Processualistas Civis, conforme a edição do enunciado número 252, que diz: "O descumprimento de uma convenção processual válida é matéria cujo conhecimento depende de requerimento".

Nessa mesma toada, Fernando da Fonseca Gajardoni[176], aduz:

> Havendo, contudo, descumprimento da convenção válida pelas partes ou pelo Estado-Juiz, razoável, diante da capacidade delas e da natureza do direito em debate (autocomponível), que o reconhecimento da violação só se dê – mais uma vez com base no parâmetro da arbitragem (artigo 337, § 5.º, do CPC/2015) – mediante provocação do interessado, e não de ofício (Enunciado n.º 252 do FPPC). Pensa-se, inclusive, na primeira oportunidade de a parte interessada se manifestar no processo. Nada sendo manifestado pelas partes a respeito da contrariedade à convenção, presume-se que renunciaram a ela, consequentemente: a) não sendo possível a arguição de nulidade oportunamente; e b) seguindo o processo conforme as regras procedimentais e sobre situações jurídicas previstas em lei. Exemplificativamente, havendo convenção de não cabimento de recurso e sendo ele interposto pela parte, competirá ao adverso, em contrarrazões, alegar o não cabimento por conta da convenção; nada alegado, processa-se regularmente o recurso.

Assim, pelos ensinamentos dos doutrinadores, bem como dos enunciados já citados alhures, o descumprimento do pacto,

---

176 GAJARDONI, Fernando da Fonseca; DELLORE, Luiz; ROQUE, Andre Vasconcelos; OLIVEIRA JÚNIOR, Zulmar Duarte. **Teoria geral do processo**: comentários ao CPC de 2015. Parte geral. São Paulo: Método, 2015, v. 1, p. 1.256.

ou melhor, do negócio jurídico processual, poderá acarretar sanções a parte que descumpriu a negociação, desde que a parte adversária informe o descumprimento.

Ademais, temos que o não cumprimento do negócio jurídico processual autoriza que se tenha a execução da prestação devida ou a implantação da situação jurídica pactuada, como deixa claro Fredie Didier Jr.[177]:

> O inadimplemento da prestação de um negócio processual autoriza que se peça a execução da prestação devida ou a implantação da situação jurídica pactuada. Essa execução, diferentemente do que ocorre, com a execução de negócios jurídicos não processuais, dá-se no bojo do próprio processo, sem necessidade de ajuizamento de uma ação executiva.

E completa[178]:

> Por simples petição, a parte lesada pelo inadimplemento pede ao juiz que exija da parte contrária o respeito ao pactuado ou simplesmente ponha em prática a nova sistemática processual firmada na convenção.

Dessa forma, fica evidente que o não cumprimento do negó-

177 DIDIER JÚNIOR, Fredie. Negócios jurídicos processuais atípicos no cpc-2015. *In:* CABRAL, Antônio Passo; NOGUEIRA, Pedro Henrique (Coords.). **Negócios processuais.** 3. ed. Salvador: JusPodivm, 2017, p. 122.

178 DIDIER JÚNIOR, Fredie. Negócios jurídicos processuais atípicos no cpc-2015. *In:* CABRAL, Antônio Passo; NOGUEIRA, Pedro Henrique (Coords.). **Negócios processuais.** 3. ed. Salvador: JusPodivm, 2017, p. 122.

cio jurídico processual, acarretará sanções a parte que não cumpriu, seja essa sanção especificada no próprio negócio jurídico, ou então a imposição da aplicação do que foi pactuado no processo, sendo que caberá a parte informar ao juiz o não cumprimento do negócio processual, executando o seu cumprimento de forma simplificada, por uma simples petição, o que gerará maior celeridade processual e também segurança jurídica.

CONCLUSÃO

Diante do exposto, percebe-se que o negócio jurídico processual, ainda é um tema que intriga todo o mundo acadêmico e mesmo com o Novo Código de Processo Civil, com vigência de dois anos, muitos aspectos ainda não foram debatidos pela a jurisprudência, o que cabe a cada tribunal a orientação e a supervisão da validade do instituto, que pode sim, revolucionar o nosso sistema processual.

Além disso, para que se tenha uma aplicação sólida do instituto, bem como, a aplicação sem defeitos/vícios é necessário que os advogados estudem mais essa técnica de negociação, estando abertos para transacionarem, mas também é preciso que os magistrados fiquem atentos a esses acordos, aceitando com maior facilidade a vontade das partes, desde que essas não estejam em estado de vulnerabilidade, e assim fazendo com que se tenha uma redução considerável do trabalho de todos os envolvidos no processo, e consequentemente uma redução de ações paradas.

Ademais, caso a negociação jurídica processual for bem aproveitada, certamente estaremos diante de uma evolução, como já apontada do presente trabalho, aproximando assim as partes envolvidas no processo (autor, réu, juiz), contribuindo consideravelmente com a redução do tempo de espera e assim podendo cumprir efetivamente o princípio da duração razoável do processo.

Contudo, caso as partes não respeitem o princípio da boa-fé na elaboração do negócio jurídico processual, bem como os outros limites estudados no trabalho, estaremos diante de defeitos do negócio jurídico processual, o que haverá a invalidade na negociação e consequentemente um atraso maior no processo.

Ainda assim, mesmo com a possibilidade da existência de defeitos/vícios na negociação processual, é possível visualizar inúmeras vantagens com a efetivação do instituto, ainda mais por garantir às partes uma maior flexibilidade ao rito processual, o que ensejará menor desgaste para todos os envolvidos na lide, concluindo assim, que as partes são protagonistas do processo, devendo sim, as suas vontades serem atendidas, desde que respeitem as normas cogentes.

Ainda, sobre a negociação processual, pode-se concluir que a sua limitação é extremamente necessária, uma vez que, se colocaria em risco a segurança jurídica, e a própria ordem jurídica processual, a aplicação do instituto, sem nenhuma limitação, o que também poderia sobrecarregar ainda mais o judiciário, com recursos e mais recursos, pedindo a invalidade do negócio jurídico processual, ou colocando ainda mais serviço ao magistrado de primeiro grau, que deve sempre fundamentar as suas decisões. Por isso, evitando todo esse desgaste, os limites ao negócio jurídico devem ser respeitados, para que se tenha uma aplicação certa da negociação, beneficiando todos envolvidos no processo.

Com isso, deve-se ressaltar que, as partes sempre devem encontrar condições isonômicas, tanto no processo quanto na negociação processual, o que dará uma validade ainda maior aos negócios processuais, pois esses estariam respeitando o princípio da paridade das armas, o que determina uma igualdade real entre os envolvidos no processo, lembrando que o conhecimento técnico-jurídico, nesse caso, colocaria ainda mais, as partes em igualdade, apesar da presença do advogado não ser obrigatória é extremamente recomendável.

Assim, o trabalho visou analisar a aplicabilidade, apontando as limitações do negócio jurídico e as consequências que esse instituto traria para o andamento processual, bem como, para uma solução adequada para a diminuição de litígios menores, que tomam tempo do judiciário, contudo, o trabalho analisou e traçou visões preliminares do instituto, como já ressaltado, ainda não se sabe como será a aceitação desse por toda a comunidade jurídica, mesmo com dois anos de vigência do Código de Processo Civil de 2015, ainda é muito cedo para dizer sobre a aplicação prática da negociação jurídica processual.

Contudo, como já exposto, fica evidente que o sucesso do negócio jurídico processual, depende de toda a comunidade jurídica (advogados e magistrados), respeitando os princípios e a limitação do instituto, bem como, não tirando os poderes do juiz, e por fim, o magistrado acatando as negociações e respeitando as vontades das partes, observando os princípios e os limites das negociações, como já explanado.

Por fim, pode-se concluir, que com a entrada em vigor do

Código de Processo Civil de 2015, os doutrinadores que não admitiam a existência do instituto, deverão reaver os seus conceitos, uma vez que, além dos negócios típicos espalhados no código, a cláusula geral de negociação – artigo 190 do Novo Código de Processo Civil - , permitiu a existência de negócios atípicos, dando assim, maior efetividade e autonomia à vontade das partes, e havendo colaboração e respeito, o instituto poderá ser uma importante ferramenta para a evolução da estrutura processual brasileira, abrindo portas para um processo cooperador e ágil, mas com proteção do Estado-juiz, que sempre observará a aplicação e validade do negócio jurídico processual.

REFERÊNCIAS

ALMEIDA, Diogo Assumpção Rezende de. **A contratualização do processo das convenções processuais no processo civil.** São Paulo: LTr, 2015.

ALVIM, José Eduardo Carreira. **Teoria geral do processo.** 17. ed. Rio de Janeiro: Forense,2015.

ARENHART, Sérgio Cruz; OSNA, Gustavo. Os "acordos processuais" no projeto de CPC - aproximações preliminares. *In:* RIBEIRO, Darci Guimarães; JOBIM, Marco Félix (Org.). **Desvendando o novo CPC.** Porto Alegre: Livraria do Advogado, 2015.

AZEVEDO, Antônio Junqueira de. **Negócio jurídico:** existência, validade e eficácia. 4. ed. São Paulo: Saraiva, 2002.

BRAGA, Paula Sarno. **Teoria dos fatos jurídicos processuais.** Salvador: JusPodivm, 2011.

BUENO, Cassio Scarpinella. **Manual de direito processual civil:** inteiramente estruturado à luz do novo CPC – lei n 13.105, de 16-3-2015. São Paulo: Saraiva, 2015.

BUENO, Cassio Scarpinella. **Novo código de processo civil anotado.** 3. ed. São Paulo: Saraiva, 2017.

CÂMARA, Alexandre Freitas. **Lições de direito processual civil.** 25. ed. São Paulo: Atlas, 2014, v. 1.

CÂMARA, Alexandre Freitas. **O novo processo civil brasileiro.** São Paulo: Atlas, 2015.

CAMBI, Eduardo. **Neoconstitucionalismo e neoprocessualismo**: direitos fundamentais, políticas públicas e protagonismo judiciário. 2. ed. São Paulo: Revista dos Tribunais, 2011.

CAMBI, Eduardo. Neoconstitucionalismo e neoprocessualismo. **Panóptica,** Vitória, ano 1, n. 6, p. 1-44, fev. 2007. Disponível em: < http//:www.panoptica.org >. Acesso em: 19 dez. 2018.

CUNHA, Leonardo Carneiro da. Negócios jurídicos processuais no processo civil brasileiro. *In:* CABRAL, Antônio Passo; NOGUEIRA, Pedro Henrique (Coords.). **Negócios processuais.** 3. ed. Salvador: JusPodivm, 2017.

DIDIER JÚNIOR, Fredie. **Curso de direito processual civil**: introdução ao direito processual civil, parte geral e processo de conhecimento. 17. ed. Salvador: JusPodivm, 2015.

DIDIER JÚNIOR, Fredie. Negócios jurídicos processuais atípicos no cpc-2015. *In:* CABRAL, Antônio Passo; NOGUEIRA, Pedro Henrique (Coords.). **Negócios processuais**. 3. ed. Salvador: JusPodivm, 2017.

DINAMARCO, Cândido Rangel. **Instituições de direito processual civil**. 6. ed. São Paulo: Malheiros, 2009, v.2.

DINIZ, Maria Helena. **Curso de direito civil brasileiro**. 18. ed. São Paulo: Saraiva, 2002, v. I.

DONIZETTI, Elpídio. **Novo código de processo civil comentado**: análise comparativa entre o novo CPC e o CPC/73. São Paulo: Atlas, 2015.

FARIA, Guilherme Henrique Lage. **Negócios processuais no modelo constitucional de processo**. Salvador: JusPodivm, 2016.

FARIA, Marcela Kohlback de. Negócios jurídicos processuais unilaterais e o requerimento de parcelamento do débito pelo executado. *In:* CABRAL, Antônio Passo; NOGUEIRA, Pedro Henrique (Coords.). **Negócios processuais**. 3. ed. Salvador: JusPodivm, 2017.

FARIAS, Cristiano Chaves de; ROSENVALD, Nelson. **Curso de direito civil**: parte geral e LINDB. 11. ed. Salvador: JusPodivm, 2013, v. 1.

GAJARDONI, Fernando da Fonseca; DELLORE, Luiz; ROQUE, Andre Vasconcelos; OLIVEIRA JÚNIOR, Zulmar Duarte. **Teoria geral do processo**: comentários ao CPC de 2015. Parte geral. São Paulo: Método, 2015, v. 1.

MACEDO, Lucas Buril de; PEIXOTO, Ravi de Mederios. Negócio processual acerca da distribuição do ônus da prova. *In:* GODINHO, Robson. **Negócios processuais sobre o ônus da prova no novo código de processo civil**. São Paulo: Revista dos Tribunais, 2015.

MARINONI, Luiz Guilherme; ARENHART, Sérgio Cruz; MITIDIERO, Daniel. **Novo curso de processo civil**: tutela dos direitos mediante procedimento comum. 3. ed. São Paulo: Revista dos Tribunais, 2017, v. 2.

MEDINA, José Miguel Garcia. **Direito processual civil moderno**. 2. ed. São Paulo: Revista dos Tribunais, 2016.

MEDINA, José Miguel Garcia. **Novo código de processo civil comentado**. São Paulo: Revista dos Tribunais, 2015.

MITIDIEIRO, Daniel. **Comentários ao Código de Processo Civil**. São

Paulo: Memória Jurídica, 2005.

NEVES, Daniel Amorim Assumpção. **Manual de direito processual civil**. 9. ed. Salvador: JusPodivm, 2017.

NEVES, Daniel Amorim Assumpção. **Novo CPC**: inovações, alterações e supressões comentadas. São Paulo: Método, 2015.

NOGUEIRA, Pedro Henrique. **Negócios jurídicos processuais**. Salvador: JusPodivm, 2016.

NOGUEIRA, Pedro Henrique. Sobre os acordos de procedimento no processo civil brasileiro. *In:* CABRAL, Antônio Passo; NOGUEIRA, Pedro Henrique (Coords.). **Negócios processuais**. 3. ed. Salvador: JusPodivm, 2017.

OLIVEIRA, Carlos Alberto de. **Do formalismo do processo civil**. 2. ed. São Paulo: Saraiva, 2003.

PEREIRA, Caio Mário da Silva. **Instituições de direito civil**. 20. ed. Rio de Janeiro: Forense, 2004, v. I.

SOUSA, Miguel Teixeira. Estudos sobre o novo processo civil, 1997. *In:* GODINHO, Robson. **Negócios processuais sobre o ônus da prova no novo código de processo civil**. São Paulo: Revista dos Tribunais, 2015

TARTUCE, Flávio. **Manual de direito civil**. 4. ed. São Paulo: Método, 2014.

TARTUCE, Flávio. **O novo CPC e o direito civil**. Rio de Janeiro: Forense, 2015.

THEODORO JÚNIOR, Humberto. **Curso de direito processual civil**. 56. ed. Rio de Janeiro: Forense, 2015, v. I.

TROCKER, Nicolo. Dal giusto processo all'efettività dei rimedi: l' "azione" nell'elaborazione della Corte europeia dei diritti dell'uomo. Parte Seconda. **Rivista trimiestrale di diritto e procedura civile**, jun. 2007.

WAMBIER, Luiz Rodrigues; TALAMINI, Eduardo. **Curso avançado de processo civil**: teoria geral do processo e processo de conhecimento. São Paulo: Revista dos Tribunais, 2015, v. I.

YARSHELL, Flávio Luiz. Convenção das partes em matéria processual: rumo a uma nova era? *In:* CABRAL, Antônio Passo; NOGUEIRA, Pedro Henrique (Coords.). **Negócios processuais**. 3. ed. Salvador: JusPodivm, 2017.

ZWIRTES, Irla. **A validade do negócio jurídico processual**. Disponível em: http://www3.pucrs.br/pucrs/files/uni/poa/direito/graduacao/tcc/tc

c2/trabalhos2015_2/irla_zwirtes.pdf. Acesso em: 23 dez. 2018.

LAECC

www.ingramcontent.com/pod-product-compliance
Lightning Source LLC
LaVergne TN
LVHW090345051026
849518LV00006B/2050